위로부터

일러두기
- 이 책은 《요한복음 강해(제1집)》(1986)의 전면 개정판입니다.
- 이 책에서는 개역개정판 성경을 인용하였습니다.
- 성경을 인용할 때, 절의 전체를 인용한 경우에는 큰따옴표(" ")로,
  절의 일부를 인용한 경우에는 작은따옴표(' ')로 표기하였으나
  예수님이 직접 하신 말씀을 인용한 경우에는 때에 따라 큰따옴표로 표기하였습니다.
- 본문에 ( )로 표기된 것은 도서를,〈 〉로 표기된 것은 작품을 가리킵니다.

위로부터

2016년 7월 25일 초판 1쇄 발행
2022년 1월 15일 초판 2쇄 발행

지은이 박영선
기획 강선, 윤철규
편집 문선형, 정유진
디자인 잔
마케팅 강동현
경영지원 김내리
펴낸이 최태준
펴낸곳 남포교회출판부
주소 서울특별시 송파구 올림픽로 4길 17, A동 301호
홈페이지 www.facebook.com/lampbooks **전화** 02-420-3155 **팩스** 02-419-8997
등록 2014. 2. 21. 제2014-000020호
ISBN 979-11-952368-0-0 04230
ISBN 979-11-952368-9-3 04230 (세트)

ⓒ 박영선 2016
이 책의 저작권은 저자와 무근검이 소유합니다.
신저작권법에 의하여 한국 내에서 보호받는 저작물이므로 무단 전재와 복제를 금합니다.

이 도서의 국립중앙도서관 출판시도서목록(CIP)은
서지정보유통지원시스템 홈페이지(http://seoji.nl.go.kr)와
국가자료공동목록시스템(http://www.nl.go.kr/kolisnet)에서 이용하실 수 있습니다.
(CIP제어번호: CIP2016016536)

무근검은 남포교회출판부의 새로운 이름입니다.
무근검은 '하나님의 영광은 무겁고 오래된 칼과 같다'라는 뜻입니다.

위로부터
JOHN 01-03

The one who comes
from above

박영선 지음

위로부터 오시는 이는 만물 위에 계시고… (요 3:31)

서문

이 설교집은 30년 전에 남포교회를 막 개척할 때 했던 요한복음 설교입니다. 설익은 시절 단 하나의 진심만을 붙잡았던 그때는 성경을, 기독교 신앙을 무엇이라고 이해하고 있었는지, 어떻게 살아야 한다고 성경 말씀을 들이댔는지 돌아보게 되었습니다.

신앙인들 각자마다 하나님의 부르심과 신앙을 확인하는 여정이 동일하거나 획일적일 수는 없지만 그 모든 고백과 감동은 오직 예수로 귀결됨을 실감합니다. 그래서 예수를 믿는 것, 알아 가는 것, 이해하는 것이 신앙의 진수이며 위대한 인생이라고 증언할 수 있게 되었습니다. 젊은 시절의 열정과 순진한 증언으로 이 사실을 전한 설교가 일흔을 바라보는 지금의 눈에는 신기하기만 합니다.

우리의 설명과 도전에는, 경험이 쌓이며 어떤 기술적 진전이 있었는지 몰라도 우리가 증언하는 구세주 예수는 오늘이나 내일이나 언제나 영원토록 동일하시다는 진리에 새삼스레 북받칩니다. 우리의 설명보다 우선하는 그의 성실과 자비와 사랑과 권능이 주권과 섭리로써 역사와 모든 인생에 함께하셨음을 봅니다. 그 거룩하심과 위대하심에 동참하라는 한결같은 성의와 사랑을 거듭 확인합니다. 기꺼이 모든 것을 바쳐 섬기며 기뻐하겠습니다.

2016. 7
박영선

《위로부터》를 펴내며

이 책은 박영선 목사가 30년 전에 했던 설교를 담고 있습니다. 박영선 목사는 1984년 3월부터 1987년 12월까지 4년에 걸쳐 요한복음을 설교했습니다. 남서울교회에서 시작된 이 설교는 1985년 1월에 개척된 남포교회로 이어져 3년간 계속되었습니다. 지금은 강해설교가로 잘 알려져 있는 설교자가 한 권의 성경을 정해 순서를 따라 강해한 첫 번째 설교입니다. 30년이나 지난 지금 이 설교를 다시 펴내는 데에는 설명이 좀 필요할 것입니다.

기독교 복음은 흔히 '예수 믿고 구원 얻는다'라는 말로 요약됩니다. 예수를 믿으면 구원을 얻고 천국에 간다는 말은 복음을 요약하거나, 전도할 때에 즐겨 사용하는 문구입니다. 전도할 때면 이 말은 더 축약되어 "예수를 믿으라"라는 촉구가 됩니다. 구원의 문이 열렸으니, 믿음으로 응하라는 권면입니다. 그런데 이렇게 소개하다 보니, 복음을 아예 '예수 믿는 것'으로 생각하게 되었습니다. 나아가 믿음으로 시작된 신앙생활 역시 우리가 하나님 앞에 무엇인가를 해 드려야 하는 것으로 여기게 되었습니다. 이런 강조는 지금의 한국 교회에서도 흔히 볼 수 있습니다. '우리가 하나님 앞에 무엇을 할까?' 하는 것을 신앙생활에서 가장 중요한 주제로 생각하는 것입니다.

박영선 목사는 복음과 신앙생활에 대한 이러한 간략한 요약이 실은 오해를 불러일으킬 수 있다고 지적합니다. 왜냐하면 복음의 근본적인 내용을 놓치게 되기 때문입니다. 복음은 우리에 대한 이야기이기에 앞서 하나님의 이야기입니다. 그러니 복음을 이해하고 싶다면, 우리가 어떤 반응을 보여야 하느냐를 생각하기에 앞서 하나님이 무엇을 하셨는가를 살펴보아야 합니다. 이 설교는 이 점을 내내 강조합니다. 하나님이신 예수님이 이 땅에 오셔서 말씀하시려고 했던 것도 바로 그것이었습니다.

요한복음은 우리에게 이렇게 말을 건넵니다. '너희에게 지금 무슨 일이 일어난 것인지 아느냐?' 이 질문이야말로 복음의 핵심으로 나아가기 위한 중요한 출발점입니다. 그리고 이 질문에 대한 답이 요한복음에 담겨 있습니다. 30년이 흘렀지만 여전히 들어야 하는 복음의 핵심입니다. 복음에 담긴 놀라운 소식을 다시 기억하기 위해 이 책을 준비하였습니다.

그간 박영선 목사의 요한복음 설교집을 찾는 요청이 많았습니다. 이번 기회를 빌려 독자가 설교를 따라가는 데 어려움이 없도록 녹취부터 시작하여 전체 내용을 가다듬었습니다. 이 책을 통해 복음이 건네는 기쁨을 맛보는 기회를 나누었으면 합니다. 우리에게 일어난 일이 대체 무엇일까요? 요한복음 3장 31절이 말하듯 '위로부터 오시는 이'가 우리에게 그 이야기를 들려주십니다. 그 이야기에 귀 기울여 보는 즐거움을 함께 나누길 소망합니다.

차례

서문 —— 006

《위로부터》를 펴내며 —— 008

1. 말씀이신 하나님 (요 1:1-3) —— 012
2. 빛을 증언하는 자 (요 1:6-7) —— 026
3. 하나님께로부터 난 자 (요 1:9-13) —— 038
4. 우리가 그의 영광을 보니 (요 1:14-18) —— 054
5. 다양한 모습, 동등한 지위 (요 1:35-42) —— 070
6. 하나님을 드러냄 (요 2:7-11) —— 082
7. 외식을 제하라 (요 2:13-22) —— 098

8 예수를 알아보는 것 (요 3:1-7) —— 112

9 오직 하나님이 이루신 일 (요 3:8-15) —— 124

10 하나님의 의지 (요 3:16-21) —— 136

11 헤아릴 수 없는 사랑 (요 3:16-18) —— 148

12 이미 승리하신 하나님의 싸움 (요 3:16-21) —— 158

13 예수가 흥하시는 길 (요 3:22-30) —— 172

14 하나님에게만 있는 것 (요 3:31-36) —— 186

01

말씀이신 하나님

1 태초에 말씀이 계시니라 이 말씀이 하나님과 함께 계셨으니 이 말씀은 곧 하나님이시니라 **2** 그가 태초에 하나님과 함께 계셨고 **3** 만물이 그로 말미암아 지은 바 되었으니 지은 것이 하나도 그가 없이는 된 것이 없느니라 (요 1:1-3)

요한복음을 시작하며

요한복음은 이해하기가 쉽지 않습니다. 왜냐하면 사건을 구체적으로 묘사해 주거나 하나님의 가르침을 세세히 설명해 주지 않기 때문입니다. 요한복음은 하나님이 하신 예언이나 약속을 일일이 소개하기보다는 하나님을 묘사하고 있습니다. 즉 요한복음의 초점은 하나님을 묘사하는 데 있습니다. 하나님의 하나님 되심을 요한복음처럼 집요하게 설명한 책은 없을 것입니다.

다른 복음서가 예수님에 관한 사건을 많이 소개하는 데 비해 요한복음은 예수님이 하신 말씀에 더 큰 비중을 두고 있습니다. 여기에는 다른 복음서에 있는 예수님의 탄생 기사나 예수님이 세례나 시험을 받으신 일에 대한 기록도 없고 비유나 이적담에 대해서도 별로 소개되어 있지 않습니다. 요한복음에는 대개 사건이 짤막하게 소개된 후 예수님이 그 사건에 관하여 펼치시는 긴 말씀이 나옵니다. 그런데 예수님이 말씀하신 내용을 이해하기가 쉽지 않습니다. 그래서 요한복음을 읽을 때는 금방 이해되지 않는 예수님의 말씀이 나오면 특히 눈여겨보고 그 깊은 의미를 깨달아야 합니다.

말씀으로 오신 하나님

본문 1절을 보면 "태초에 말씀이 계시니라 이 말씀이 하나님과 함께 계셨으니 이 말씀은 곧 하나님이시니라"라고 합니다. 여기서 '말씀'은 예수 그리스도를 가리킵니다. 말씀이신 예수님이 하나님이시라는 말입니다. 여기서 눈여겨보아야 할 것은 하나님을 '말씀'이라는 단어로 묘사하고 있는 점입니다. 성경은 늘 하나님이 말씀하신다는 점을 강조합니다. 특히 요한복음은 하나님을 말씀이라고 묘사할 뿐 아니라 말씀이신 하나님이 세상에 오셨다고 선포하고 있습니다. 말씀이신 그리스도보다 하나님을 더 잘 설명해 줄 수 있는 것은 없다고 말하는 것입니다.

요한복음에 나온 예수 그리스도에 대한 묘사는 예수님 자신을 나타내기 위한 것이 아닙니다. 1장 18절을 보면 "본래 하나님을 본 사람이 없으되 아버지 품 속에 있는 독생하신 하나님이 나타내셨느니라"라고 합니다. 하나님을 본 사람이 아무도 없어서 인간이 이해할 수 있을 만큼 하나님을 묘사할 사람이 없기에 예수님이 오셨다는 것입니다. 우리가 하나님을 제대로 인식할 수 없기 때문에 하나님이 예수 그리스도를 보내셨습니다. 독생자이신 하나님이 오셔서 우리가 하나님을 인식할 수 있도록 하신 것입니다. 그러니 1절의

'말씀은 곧 하나님'이라는 말은 독생자이신 하나님, 즉 예수님을 통해서 하나님 자신을 설명하고 있음을 표현한 것입니다.

요한복음 1장 2절을 보면 "그가 태초에 하나님과 함께 계셨고"라고 합니다. 1절에서 보았듯 예수님은 성자 하나님으로, 아버지 하나님과 함께 계셨습니다. 함께 계시는 성부와 성자가 모두 하나님이십니다. 삼위일체 하나님이라는 말에서 알 수 있듯 성부 하나님, 성자 하나님, 성령 하나님은 다 똑같이 거룩하시며 전능하시며 영광을 받으실 존귀하신 분입니다.

'삼위일체'는 양태론이나 단일신론과 구별되는 하나님 이해를 표현하는 말입니다. 기독교는 성부 하나님만이 아니라 구원을 위해 역사에 개입하신 성자 하나님과, 성도에게 임재하셔서 내주하시는 성령 하나님을 똑같이 강조합니다. 단일신론에 따라 하나님을 생각하면, 이와 같은 성자 하나님의 역사에 대한 개입과 성도에게 임재하시는 성령 하나님의 현존이 소홀해지고, 하나님은 저 멀리 높이 계시는 유일한 심판자로서만 강조되고 맙니다. 삼위일체는 세 위격을 구별하면서도, 세 위격의 하나님이 능력이나 영광에서 차이가 없다는 점을 분명히 표현합니다.

요한복음은 성자 하나님이 이 땅에 오셨다고 선언합니다. 그분은 우리에게 하나님이 어떤 분인지 바로 알려 주기 위해 오신 것입니다. 요한복음에서 예수님을 '말씀'이라고 부르는 데에는 이런 이유가 있습니다. 우리가 하나님이 누구신지를 이해하지 못하니 예수님이 친히 육신을 입고 우리에게 하나님이 누구신지를 가르치려고 오셨습니다. 그래서 예수님이 '말씀'이신 것입니다. 이런 점이 요한복음 14장에 잘 설명되어 있습니다.

> 예수께서 이르시되 내가 곧 길이요 진리요 생명이니 나로 말미암지 않고는 아버지께로 올 자가 없느니라 너희가 나를 알았더라면 내 아버지도 알았으리로다 이제부터는 너희가 그를 알았고 또 보았느니라 빌립이 이르되 주여 아버지를 우리에게 보여 주옵소서 그리하면 족하겠나이다 예수께서 이르시되 빌립아 내가 이렇게 오래 너희와 함께 있으되 네가 나를 알지 못하느냐 나를 본 자는 아버지를 보았거늘 어찌하여 아버지를 보이라 하느냐 내가 아버지 안에 거하고 아버지는 내 안에 계신 것을 네가 믿지 아니하느냐 내가 너희에게 이르는 말은 스스로 하는 것이 아니라 아버지께서 내 안에 계셔서 그의 일을 하시는 것이라 (요 14:6-10)

예수님은 '내가 곧 길이요 진리요 생명'이라고 자신을 설명하십니다. 이 말씀의 뜻을 헤아리려면 뒤에 이어지는 구절과 함께 생각해야 합니다. 예수님은 자신을 거치지 않고는 아버지께로 갈 자가 없다고 하시고 자신을 알면 아버지도 알 것이라고 말씀하십니다. 그 얘기를 듣던 빌립이 아버지를 보여 달라고 요구합니다. 이에 예수님은 자신을 본 자는 이미 아버지를 본 것인데, 어찌하여 아버지를 보이라고 하는지 물으십니다.

예수님을 '말씀'으로 묘사하는 이유를 여기서 알 수 있습니다. 말씀, 곧 말은 무엇을 설명하거나 뜻을 전달하기 위해 있는 것입니다. 예수님이 '말씀'이라고 소개되는 것은 우리에게 하나님을 설명하고 전달하는 최고의 방법이 예수님이기 때문입니다. 그래서 '나를 본 자는 하나님을 본 것'(요 14:9)이라고 하셨던 것입니다.

복음서에서 읽어 내야 하는 것은 하나님이 어떤 분인가에 대한 답입니다. 그래서 하나님을 알려면 복음서를 읽을 때 예수님에게 초점을 모아야 합니다. 복음서에 나오는 예수님의 행적, 곧 예수님이 일으키신 사건과 하신 말씀 등 예수님에 관한 모든 것은 우리로 하나님을 이해할 수 있게 하려고 기록된 것입니다. 만일 예수님이 손수건을 흘리셨다고 복음서에 기록되어 있다면 그것을 통해서도 하나님이 어떤 분인지 깨달을 수 있을 것입니다. 예수님의 생애 자체가 바로 하나님에 대한 설명이기 때문입니다. 예수님의 말씀과 행위, 이 모든 것이 하나님을 보여 줍니다. 예수님을 본 자는 하나님을 본 것이기 때문입니다.

빌립은 예수님의 말씀을 듣고도 바보 같은 요구를 한 셈입니다. "주여, 아버지를 우리에게 보여 주십시오. 그러면 족하겠습니다." 그러자 예수님은 "빌립아, 내가 이렇게 오래 너희와 함께 있었는데 네가 나를 알지 못하느냐"라고 말씀하십니다. 예수님은 아버지가 자기 안에 계셔서 자기가 아버지의 일을 하는 것이라고 하시며 예수님이 아버지 안에 아버지가 예수님 안에 계시다고 말씀하십니다. 예수를 보았다면 아버지를 본 것이라는 말씀입니다.

하나님을 드러내는 말씀

이런 내용은 요한복음 1장 18절에서도 나옵니다. "본래 하나님을 본 사람이 없으되 아버지 품 속에 있는 독생하신 하나님이 그를 나타내셨느니라." 말씀이신 예수님이 하나님을 보여 주셨습니다. 예수님이 이 땅에 오셔서 보이신 언행을 추적하는 것만큼 우리가 하나님에 대해서 잘 알 수 있는 방법은 없습니다. 복음서는 예수님의 행적을 통해 하나님이 누구신지 보여 주고 있습니다. 그 예를 복음서에서 찾아봅시다.

요한복음 8장에는 간음하다 붙잡힌 여인을 예수님이 용서하신 사건이 나옵니다. 이 사건을 통해 예수님은 이렇게 말씀하십니다. "지금은 용서의 때이고 구원의 날이다. 아직 심판의 때가 아니다. 그러니 너는 돌이켜 회개하고 다시는 이런 죄를 짓지 말아라." 이 사건에서 예수님이 여인을 대하시는 모습은 하나님이 우리를 대하시는 모습의 표본입니다. 곧 하나님이 우리를 그렇게 보시고 있다는 것입니다. 예수님이 하신 말씀과 보이신 용서를 통해 하나님이 나를 어떻게 보시는지, 나에게 원하시는 것이 무엇인지 알 수 있습니다.

마가복음 3장에 보면 예수님의 가족이 예수님을 찾아온 일이 기록되어 있습니다. 사람들이 예수님에게 어머니와 동생들이 찾아왔다고 알립니다. 그러자 예수님은 "누가 내 어머니이며 동생들이냐 누구든지 하나님의 뜻대로 행하는 자가 내 형제요 자매요 어머니이다"(막 3:33, 35)라고 답하십니다. 인륜을 어기라는 말씀이 아닙니다. 하나님의 뜻대로 행하는 자가 예수님의 형제자매요 어머니라고 말씀하시는 것입니다. 하나님이 무엇을 더 중요하게 여기시며 무엇을 더 기뻐하시는지 예수님의 말씀 속에 들어 있습니다. 그것을 알려 주려고 예수님이 이 땅에 오셨습니다.

마태복음 14장에는 오병이어 사건이 기록되어 있습니다. 큰 무리가 예수님을 따르고 있었습니다. 저녁이 되자 제자들이 예수님에게 말합니다. "날이 저물어 저녁 먹을 시간이니 사람들을 돌려보냅시다. 여기는 빈 들이라 먹을 것이 없습니다." 제자들의 말을 듣고 예수님은 "돌려보낼 필요 없다. 너희가 먹을 것을 주어라"(마 14:16)라고 답하십니다. 먹을 것 없이 모여 있는 무리를 예수님이 불쌍히 여기셔서 떡 다섯 개와 물고기 두 마리로 오천 명을 먹이십니다. 하나님이 친히 이 땅에 오셔서 배고픈 자들을 만나신 것입니다. 예수님은 자신이 누구인지 과시하기 위하여 기적을 베푸신 것이 아닙니다. 모두를 배불리 먹이기 원하시는 하나님의 마음을 우리에게 알려 주신 것입니다. 이 오병이어 사건에 대해 마가복음은 예수님의 마음을 이렇게 적어 놓았습니다. '큰 무리를 보시고 그 목자 없는 양 같음으로 인하여 불쌍히 여기사'(막 6:34). 이것이 하나님의 마음입니다.

요한복음 11장에는 예수님이 죽은 나사로를 살리신 사건이 나옵니다. 오라버니 나사로의 죽음 앞에 울고 있는 마리아를 보시고 예수님은 슬퍼하셨습니다. '예수께서 그가 우는 것과 또 함께 온 유대인들이 우는 것을 보시고 심령에 비통히 여기시고 불쌍히 여기'셨다고 기록하고 있습니다(요 11:33). 예수님은 나사로의 죽음을 대하고 눈물을 흘리십니다. 그 모습을 보고 사람들은 이렇게 말합니다. "보아라. 그를 얼마나 사랑하셨는가." 우리가 죄 아래 사는 노예여서 사망의 권세 아래 있음을 예수님이 분히 여기시고 우리를 불쌍히 여기셔서 눈물을 흘리십니다. 이것이 하나님의 마음입니다.

또 예수님이 예루살렘 성을 보시며 얼마나 안타까워하십니까. "예루살렘아 예루살렘아 선지자들을 죽이고 네게 파송된 자들을 돌로 치는 자여 암탉이 그 새끼를 날개 아래에 모음 같이 내가 네 자녀를 모으려 한 일이 몇 번이더냐 그러나 너희가 원하지 아니하였도다"(마 23:37). 여기 예수님의 탄식이 있습니다. '얼마나 너희에게 회개를 촉구했느냐? 얼마나 많은 선지자가 와서 너희에게 회개하라고 했느냐? 그러나 너희는 듣지 않았다.' 예수님의 이러한 탄식에서 하나님의 안타까움이 드러나고 있습니다.

하나님이 육신을 입고 우리 앞에 나타나셔서 안타까워하시고 분노하시고 목숨까지 버려 우리를 사랑하신 일들을 보십시오. 복음서는 내내 예수님의 말과 행동을 통해 하나님이 어떤 분인지 보여 주고 있습니다. 그래서 예수님은 '말씀'이십니다. 예수님을 잡으러 왔다가 베드로에게 귀가 잘린 말고를 다시 낫게 해 주시는 예수님, 부활하신 후 흩어진 제자들을 찾아가시는 예수님의 모습에서 하나님을 발견하지 못한다면 복음서를 읽는 보람이 없습니다.

하나님을 드러내는 신자의 삶

예수님의 삶을 떠올리며 우리가 생각해야 할 또 하나의 중요한 점이 있습니다. 요한복음 17장으로 가 봅시다.

> 내가 비옵는 것은 그들을 세상에서 데려가시기를 위함이 아니요 다만 악에 빠지지 않게 보전하시기를 위함이니이다 내가 세상에 속하지 아니함 같이 그들도 세상에 속하지 아니하였사옵나이다 그들을 진리로 거룩하게 하옵소서 아버지의 말씀은 진리니이다 아버지께서 나를 세상에 보내신 것 같이 나도 그들을 세상에 보내었고 또 그들을 위하여 내가 나를 거룩하게 하오니 이는 그들도

진리로 거룩함을 얻게 하려 함이니이다 (요 17:15-19)

18절 말씀이 중요합니다. "아버지께서 나를 세상에 보내신 것 같이 나도 그들을 세상에 보내었고." 성부께서 성자를 보내셨듯 예수님도 우리를 보내신다고 합니다. 우리는 세상에 보냄을 받은 사람들입니다. 성부 하나님은 성자 하나님이신 예수 그리스도를 이 땅에 보내셔서 하나님 아버지를 설명하셨습니다. 예수 그리스도를 보내 하나님의 안타까움을 보이시고 하나님이 원하는 일을 이루십니다. 그렇게 아버지께서 예수 그리스도를 보내신 것처럼 예수님도 우리를 보내신다고 합니다. "아버지께서 나를 세상에 보내신 것 같이 나도 그들을 세상에 보냅니다." 신자도 세상 속에서 '말씀'인 것입니다. 말과 판단, 행위 등 우리의 모든 모습이 기독교를 설명하고 있다는 사실을 깨달아야 합니다.

예수님은 말씀으로 오셔서 하나님을 알게 하셨습니다. 그러나 예수님은 우리에게 하나님의 말씀을 전달하는 스피커 구실만 하신 것이 아니었습니다. 말씀으로 오신 예수님은 우리를 하나님의 자녀로 부르시기 위해 우리의 요구까지 들어주는 삶을 사셨습니다. 예수님의 일거수일투족이 다 말씀, 곧 하나님에 대한 설명이었습니다. 예수님은 걸어 다니는 말씀이셨습니다. 예수님은 그의 전 생애를 말씀으로서 사셨습니다. 그리고 우리도 그렇게 세상에 보냄을 받습니다. 그래서 신자의 삶은 무서운 것입니다.

세상은 우리가 신자라고 밝히면 그때부터 우리의 모든 말과 행동에 주목합니다. 신자라면 뭔가 달라야 한다고 생각하기 때문입니다. 우리가 세상 사람과 같은 모습을 보이면 눈총을 줍니다. 우리는 그게 싫어서 신자라는 사실을 드러내지 않으려고 합니다. 그러나 이런 것을 거추장스러운 속박이라고 생각해서는 안 됩니다.

이것은 오히려 우리의 자랑입니다. 산상수훈에도 있듯 사람이 등불을 켜면 말 아래 두지 않고 등경 위에 둡니다(마 5:15). 빛은 비추라고 켜는 것이기 때문입니다. '너희는 세상의 빛이라'(마 5:14). 하나님은 하나님과 예수님을 설명하도록 우리를 말씀으로 세상에 보내셨습니다. 그러니 우리는 당연히 사람들 눈에 띄는 곳에 있어야 합니다. 그런데도 우리는 눈에 안 띄는 곳에 가려고 합니다.

오늘날 교회가 왜 자꾸 커지는지 아십니까? 사람들이 숨어 지내기 좋은 큰 교회를 선호하기 때문입니다. 그저 헌금이나 내면 되고, 사람이 많아 직분을 맡지 않아도 되고, 구역에 모이지 않아도 되니 얼마나 편합니까. 5, 6천 명이 모이면 누가 왔는지 안 왔는지 모르니 서로 신경 쓸 일이 없어 좋습니다. 이렇게 적당히 때우려고 해서 큰 교회가 많아지는 것입니다. 백 명쯤 모이는 교회에 다니면 한 주만 안 나가도 금방 들킵니다. 그래서 큰 교회로 숨어듭니다. 이런 모습은 불을 켜서 됫박 속에 집어넣고 뚜껑을 닫아 두는 것과 같습니다. 그럴 바에야 아예 불을 켜지 않는 편이 낫습니다.

예수님은 말씀이 되셔서 전 생애를 사셨습니다. 그 가운데 하신 말씀과 행위는 모두 은혜로운 하나님을 드러내는 것이었습니다. 예수님은 이렇게 말씀하셨습니다. "나는 생명의 떡이라. 나는 생명의 샘이라. 목마른 자들아, 다 내게로 오라. 내게 와서 먹고 마셔라." 우리 역시 그런 존재가 되어야 합니다. 불신자들이 신자인 우리에게 그들의 짐을 가지고 올 때 우리는 그들을 하나님에게 나아가게 하는 통로가 되어야 합니다. 물론 우리는 구속자나 대속자가 될 수 없습니다. 그러나 불신자들이 하나님을 알게 하는 데 도움을 줄 수 있어야 합니다. 그것이 우리의 할 일입니다.

그런데 우리는 교회에서조차 마음이 잘 맞는 사람들만 있으면 좋겠다고 생각합니다. 우리의 소원은 이런 것입니다. '하나님 아버지, 예수님을 잘 믿을 테니 제발 귀찮은 사람 좀 안 만나게 해 주십시오.' 구역에서도 마음이 잘 맞는 사람들끼리만 모이길 원합니다. 구역에 엉뚱한 말을 하는 사람이 있으면 싫어합니다. 그러나 그런 사람을 인내하고 감수할 때 우리 모두에게 얼마나 큰 기쁨이 생기는지 아십니까? 예수님이 바로 그러셨습니다. 예수님 곁에는 온전한 사람이 없었습니다. 예수님이 가신 곳마다 중풍병자, 귀신 들린 자, 맹인, 앉은뱅이들이 있었습니다.

'유유상종類類相從'이라는 말이 있습니다. 친구를 보면 그 사람을 안다고 합니다. 그러나 신자는 그렇지 않습니다. 신자는 부족한 사람들 틈에 있을수록 성숙한 사람이라고 할 수 있습니다. 아무도 돌보지 않는 사람 곁에 있는 사람이 잘하는 사람입니다. 있는 사람끼리 모이지 마십시오. 있는 사람끼리 모이면 없는 사람은 갈 곳이 없습니다. 있는 사람은 없는 사람들 속에 끼기 쉽지만 없는 사람은 있는 사람들 틈에 끼지 못합니다. 있는 사람이 없는 사람을 찾아가야 합니다. 돈이나 물질만 이야기하는 것이 아닙니다. 돈일 수도 있고 지식일 수도 있지만, 가장 큰 것은 신앙입니다. 신앙이 성장하고 난 후 우리가 잘 참지 못하는 것은 연약한 믿음을 가진 사람이 하는 엉뚱한 질문입니다. 그럴 때 우리는 무식하게 저런 질문을 하느냐고 냉정하게 대합니다. 그러나 자신의 올챙잇적 시절을 기억해야 합니다.

믿음이 성장한 사람이 믿음이 연약한 사람을 키우는 토양을 만들어 내지 못한다면 그의 믿음은 가치가 없습니다. 그것이 예수 그리스도가 "나는 말씀이다. 하나님 아버지께서 나를 보내신 것처럼 내가 너희를 세상에 보낸다"라고 하신 말씀에 담겨 있는 깊은 뜻입니다. 이 말씀을 따라 사십시오.

다시 요한복음 1장 14절을 봅시다. "말씀이 육신이 되어 우리 가운데 거하시매 우리가 그의 영광을 보니 아버지의 독생자의 영광이요 은혜와 진리가 충만하더라." 우리도 이렇게 보냄을 받은 자입니다. 우리의 영광은 은혜와 진리로써 얻게 되는 것입니다. 우리의 영광은 지식과 능력이 아닙니다. 우리가 있는 자리에서, 만나는 사람들 앞에서 은혜와 진리로 우리의 존재 가치를 인정받아야 합니다. 우리가 하나님이 보내신 자이며 은혜와 진리가 충만한 자라는 것을 삶을 통해 나타내십시오. 이것이 우리의 사명인 줄 아십시오.

02

빛을
증언하는
자

6 하나님께로부터 보내심을 받은 사람이 있으니 그의 이름은 요한이라 **7** 그가 증언하러 왔으니 곧 빛에 대하여 증언하고 모든 사람이 자기로 말미암아 믿게 하려 함이라 (요 1:6-7)

증언되어야 하는 빛

7절을 보면 "그가 증언하러 왔으니 곧 빛에 대하여 증언하고 모든 사람이 자기로 말미암아 믿게 하려 함이라"라고 합니다. 빛에 대하여 증언이 필요하다는 말씀은 우리를 매우 놀라게 합니다. 우리가 아는 한, 빛은 증언이 필요한 대상이 아니기 때문입니다.

빛의 존재를 증명하거나 증언할 필요가 있을까요? 그럴 필요가 없습니다. 우리는 빛을 보아서 빛이 있다는 것을 압니다. 빛을 증명하여 빛이 있다고 받아들이는 것이 아닙니다.

색깔을 생각해 봅시다. 빨간색과 파란색은 다릅니다. 그러나 빨간색이 파랗지 않다는 것을 증명해야 알 수 있습니까? 그냥 압니다. 보면 자연스레 아는 것입니다. 그 둘이 다르다는 것은 눈을 뜬 사람이면 색맹을 제외하고는 다 압니다. 맹인에게는 이 차이를 설명해 주어야 할 것입니다. 그러나 불행하게도 맹인에게 색깔을 설명하는 일은 불가능합니다.

　맹인에게 빨간색과 파란색을 어떻게 설명할 수 있을까요? 색깔을 설명해 내기 위해 색감을 동원해서 이야기해 볼 수 있을 것입니다. 빨간색은 정열적이며 따뜻한 느낌을 주고 파란색은 청결하며 차가운 느낌을 준다고 설명합니다. 이 설명을 들으면 맹인이 두 색을 알게 될까요? 빛을 증언하는 일이 바로 이런 것입니다.

　그런데 본문을 보면 세례 요한은 빛에 대하여 증언하러 왔다고 합니다. 증언할 필요가 없는 빛을 증언하러 왔다고 한 것을 보면, 여기서 말하는 빛은 누구나 볼 수 있는 것이 아니라는 것을 알 수 있습니다. 사람들이 알지도 깨닫지도 못하는 빛이 와 있다는 것을 세례 요한은 증언하고 있습니다.

하나님을 아는 기적

빛이나 색깔을 본 사람들끼리는 빛의 존재나 색깔의 차이를 말할 수 있습니다. 그렇지만 볼 수 있는 사람들도 빛의 존재 자체를 증명할 방법은 없습니다. 그런데 성경은 빛에 대해 증언하러 온 자가 있다고 합니다. 이것이 성경이 이야기하는 충격적인 내용입니다. 빛이 세상에 와 있는 것이 분명한데도 빛을 증언해야 한다니 이렇게 답답할 때가 있습니까?

　인간이 가장 이해하지 못하는 단어는 아마도 '죄'일 것입니다. 앞을 볼 수 없는 사람이 빨간색과 파란색을 인식하지 못하는 것처럼, 또 들을 수 없는 사람이 소프라노와 베이스를 구별하지 못하는 것처럼 사람은 죄를 인식하지 못합니다.

인간은 보통 도덕적 윤리적 차원에서 '죄'의 개념을 이해합니다. 그러나 성경은 죄를 도덕적 윤리적 관점에서 설명하지 않습니다. 죄의 본질은 하나님으로부터의 분리입니다. 성경은 하나님에게서 분리되게 하는 모든 것을 죄라고 합니다. 하나님에게서 독립하는 것이나 분리되는 것, 하나님을 거스르는 것이나 반대하는 것, 이 모든 것이 죄입니다.

분리되고 독립하는 것은 꼭 적대 관계만을 의미하지 않습니다. 가장 밀접한 관계가 사랑하는 관계라면 가장 밀접하지 않은 관계는 무엇입니까? 그것은 적대 관계가 아니라 무관심한 관계입니다. 무관심만큼 무서운 것은 없습니다. 세상에서 가장 불쌍한 사람이 잊힌 사람이라고 하지 않습니까?

흔히 하는 큰 오해 가운데 하나는 우리가 하나님을 잊었다고 생각하는 것입니다. 그렇지 않습니다. 우리는 하나님을 잊은 것이 아니라 아예 처음부터 하나님을 모르는 상태로 태어납니다. 그래서 믿지 않는 사람에게 예수 그리스도를 소개할 때면, 눈 뜬 사람이 눈 감은 사람에게 빛을 설명하는 것 같은 벽에 부닥칩니다. 인간은 원래 눈 감은 상태로 태어나기 때문에 중간에 눈을 뜬 사람은 눈 감은 자들 사이에서 바보 취급을 받게 되는 것입니다.

인간의 가장 큰 불행은 인간 스스로 하나님에게 관심을 둘 수 없다는 데에 있습니다. 우리가 하나님에게 얼마나 관심이 없는지에 대해 누군가가 이렇게 비유했습니다. "인간이 하나님에게 관심을 두지 않는 것은 마치 지렁이가 매니큐어를 생각하지 않는 것과 같다." 매니큐어는 손톱이나 발톱에 바릅니다. 아무리 뼈대 있는 가문의 지렁이라고 해도 매니큐어는 필요 없습니다. 지렁이가 무엇하러 매니큐어를 생각하겠습니까? 인간이 하나님을 떠올리지 못하는 것이 이와 같습니다. 인간은 하나님을 상상할 수조차 없습니다.

어떤 사람은 그래도 인간에게는 본래 종교심이 있다고 이야기합니다. 그러나 신앙생활에 가장 방해가 되는 것이 바로 종교심입니다. 이는 마치 도덕이나 윤리적 명분이 신앙생활을 경직되게 만드는 것과 같습니다. 기독교 신앙 안에 도덕적 윤리적 요소가 있는 것은 사실입니다. 그러나 그것이 기독교의 핵심인 것처럼 여겨진다면 그것만큼 기독교에 방해가 되는 요인도 없을 것입니다. 종교심도 마찬가지입니다. 왜냐하면 종교심이나 도덕이나 윤리가 기독교의 핵심이 되어 버리면 열심을 낼수록 하나님과는 아무런 관계가 없는 사람이 될 수 있기 때문입니다. 이것이 우리가 참으로 조심해야 할 문제입니다.

사실 우리가 하나님을 알게 된 것은 기적입니다. 마치 맹인이 빛을 보게 된 것과 같습니다. 없던 시력을 얻게 된 것입니다. 성경이 말하는 하나님, 아브라함의 하나님, 이삭의 하나님, 야곱의 하나님을 안다는 것은 이렇게 놀라운 일입니다. 하나님이 예수 그리스도를 보내셔서 나를 위하여 십자가에서 죽게 하셨다는 사실을 안다는 것은 우리에게 기적이요, 혁명이요, 불가사의한 일입니다. 단순히 종교나 윤리에 관한 이야기가 아니라 상상할 수 없는 기적 속에서 일어난 새로운 탄생을 의미하는 것입니다. 우리 신자에게 일어난 일이 이런 것입니다.

누리지 못하는 기쁨

신자가 살면서 어려움을 겪는 이유가 바로 이것입니다. 설명할 필요조차 없는 분명한 사실을 사람들은 알아듣지 못해서 인정하지 않고 오히려 시비를 걸기 때문입니다. 그래서 신자들의 가장 큰 소망이 무엇입니까? 교회 수양회에 가면 '여기서 이렇게 살다가 죽으면 얼마나 좋을까! 이렇게 찬송 부르고 기도하다가 주님을 만나면 얼마나 좋을까!' 하고 생각합니다. 이것이 예수 믿는 사람들의 솔직한 고백입니다. 왜 그렇습니까? 교회 밖으로 나가면 분명한 사실을 거부하는 사람들 속에 들어가서 부대껴야 하기 때문입니다.

빨간색이 있고 파란색이 있다고 하니까 맹인들이 와서 두들겨 팹니다. "다시 그런 허튼 소리를 했다가는 정말 죽인다. 무슨 그런 요망한 소리를 해서 우리 맹인 세계를 어지럽히느냐!"라는 것입니다. 세상에 나가면 우리만큼 특이한 사람도 없을 것입니다. 하나님이 계시고 성령님이 내 안에 계시고 그분이 내게 할 말을 가르치신다는 둥 이상한 소리를 합니다. 그런 소리를 해서 사람들이 손가락질 하면 "아버지, 저들의 죄를 사하여 주소서"라고 합니다. 세상 사람들이 보기에 이렇게 답답한 사람이 어디 있겠습니까? 그래서 신자에게 문제가 생겨납니다.

실제 우리의 삶을 돌아보기 위해 질문해 봅시다. 우리는 눈을 떠서 보게 된 빛의 세계가 우리의 영혼을 만족시킨 것을 깨닫게 되어 아직 그것을 못 본 사람들을 불쌍히 여기고 그들이 눈을 뜨기를 바라며 애쓰면서 삽니까? 아니면 오히려 세상에서 받는 경멸과 오해와 괄시가 싫어 눈을 빼놓고 살기로 결심합니까? 이것은 굉장히 중요한 질문입니다.

　우리는 대개 이렇게 살고 있는 것 같습니다. 어느 날 갑자기 눈을 떠서 놀라운 빛의 세계를 보게 됩니다. 그러나 우리가 살아야 하는 세상은 빛을 본 자가 입을 다물고 있어야 할 것 같은 곳입니다. 빛을 못 본 척해야 편안히 살 수 있는 곳입니다. 그래서 적당히 타협하기로 합니다. 눈을 감고 사는 대신 증명서 하나만 갖기로 하는 것입니다. '이 사람은 눈 뜬 사람임을 증명함. ○○안과 원장 백', 이 증서만 가지고 있고 눈은 빼서 서랍 속에 넣고 외출합니다. 대부분의 신자가 이런 모습입니다.

　이렇게 살 것이라면 눈을 떴다 한들 행복하지 않습니다. 눈을 뜬 것은 다만 한 가지 일, 천국 가는 데만 필요하다고 여길 뿐입니다. 그래서 신자들은 이 확신 하나만 붙들고 늘어집니다. '내가 예수 그리스도를 믿기에 오늘 죽어도 천국 갈 것을 확신하나이다.' 이것 외에는 눈을 떠서 맛보는 보람과 자랑과 환희가 없습니다. 얼마나 가난한 신앙생활입니까.

　눈을 뜬 환희란 어떤 것일까요? 만화가 한 분과 설악산에 다녀온 적이 있습니다. 그때 설악산은 단풍이 절정이었는데 그것을 보고 그분은 "아!"라고 감탄할 뿐 다른 아무 말도 하지 못했습니다. 무슨 말로도 그 경이로운 아름다움을 설명할 수 없었기 때문입니다. 뛰어난 솜씨로도 표현할 수 없어 "아!"라고만 한 것입니다. 볼 수만 있을 뿐 그 아름다움을 설명할 방법이 없는 것입니다. 앨범을 가득 채울 만큼 사진을 찍어 와도 도저히 그 아름다움을 설명하지 못합니다. 역시 가 보는 수밖에 없습니다.

　산속에 묻혀 사는 산사람들은 자연의 풍성함에 매료되어 그것만으로 만족하며 살아갑니다. 그들은 세상에서 호의호식하며 사는 사람들을 부러워하지 않습니다. 비록 산에서 도토리묵을 쑤어 먹고 살지라도 산사람이라는 자부심으로 사는 것입니다. 예수 믿는 사람들의 자부심도 이렇게 설명할 수 있습니다. 신자는 영원한 세계를 보고 절대적인 진리를 알고 영광과 생명의 풍성함 속에 사는 자들입니다. 보았기에 기뻐하는 자들입니다.

우리는 이미 보게 된 사람들입니다. 그런데 오늘날 우리의 특권은 어디에 있습니까? 눈을 뜨게 된 복을 받아 하나님에게서 얻은 경험이 무엇입니까? 신자들의 이력서는 얼마나 많은 목사를 만났으며 얼마나 많은 교회를 거쳐 갔는가 하는 내용들로만 가득 차 있습니다. 갖고 있는 경험이라곤 여러 교회를 구경하고 많은 목사의 설교를 들었다는 자랑밖에 없습니다. 하나님이 허락하신 기적과 승리와 보람과 환희의 경력은 없습니다.

신앙생활을 오래 한 신자들에게는 이런 고백이 있어야 합니다. "하나님이 간섭하시고 인도하셔서 기쁨과 자랑과 보람 속에 지금 이 자리까지 왔다. 그러니 앞으로 어떤 일이 벌어질지라도 하나님이 늘 선하게 인도하실 것을 알기에 놀라지 않을 수 있다." 그러나 우리는 어떻습니까? "그동안 많은 목사를 만났고 많은 교회를 거쳐 왔는데 다 믿을 만하지 않더라"라는 말밖에는 꺼내지 못하고 있습니다.

빛을 본 자의 할 일

세례 요한은 빛에 대하여 증언하러 왔다고 했습니다. 그는 빛을 본 사람입니다. 하나님을 본 사람입니다. 아직 빛을 보지 못한 사람에게는 빛을 설명할 길이 없으니, "빛이 있고 나는 그 빛을 본다"라고 말할 수밖에 없습니다. 이 땅에 오셔서 구원을 이루신 그 빛이 지금도 빛을 비추고 계십니다. 그리고 빛이신 예수님이 우리도 세상에 빛으로 보내십니다.

하나님은 우리에게 "너희는 세상의 빛이라. 너희는 세상의 소금이라"라고 하시며 우리를 세상에 보내십니다. 우리는 세상에 빛으로 들어와 있습니다. 빛을 설명하라고 들여보내신 것이 아닙니다. 설명의 문제가 아닙니다. 눈을 감은 자에게 설명은 불가능합니다.

그러나 우리는 눈을 뜬 자입니다. 우리는 빛을 본 자입니다. 하나님의 풍성함을 우리만큼 잘 아는 사람은 없습니다. 그러니 누가 더 참고 더 많이 용서하고 양보해야 합니까? 눈을 뜬 우리가 더 많이 희생하고 고생하고 애써야 할 것입니다. 우리가 어려움을 겪는 것은 실패하거나 약해서가 아닙니다. 눈을 뜬 사람이어서 그런 일을 겪는 것입니다. 우리는 가진 자이기 때문입니다.

이것이 우리가 세상에서 당하는 환난입니다. 그것을 회피하고 싶어서 일부러 눈을 감고 나도 안 보인다고 하며 편한 자리에 있으면 안 됩니다. 우리는 세상에 나가 가진 것을 나누고 빼앗겨야 하는 사람들입니다. 빼앗겨도 이만저만 빼앗길 사람들이 아닙니다. 씻겨 주고 옷 입혀 주고 길을 가르쳐 주면서도 오히려 욕먹는 일을 감당해야만 하는 사람들입니다.

예수를 믿으면 편한 것이 아니라 믿기 전보다 더 괴롭습니다. 우리가 처해 있는 곳을 보십시오. 가정이나 직장, 또 이웃들 중에 예수 믿는 사람이 몇 명이나 있는지 보십시오. 전도하라는 이야기가 아닙니다. 우리가 있음으로 맹인들이 올바른 길로 인도받는 일이 일어나야 한다는 것입니다. 물론 그들이 눈을 감고 있는 동안에도 우리는 있는 힘을 다하여 애쓸 수밖에 없습니다. "그렇게 하지 마라, 그러다가 너 큰일 난다" 하며 그들을 빛으로 인도하려고 애써야 합니다. 이것이 신자의 사명입니다. 이 일을 외면하면 안 됩니다.

예수님은 이렇게 말씀하십니다. "인자가 온 것은 섬김을 받으려 함이 아니라 도리어 섬기려 하고 자기 목숨을 많은 사람의 대속물로 주려 함이니라"(막 10:45). 많은 사람의 대속물로 오신 예수 그리스도에게서 우리도 동일한 명령을 받습니다. "나도 너희를 보낸다. 내가 빛으로 세상에 온 것처럼 너희를 세상에 빛으로 보낸다. 그러니 사람들을 섬겨라." 사람들의 눈이 뜨일 때까지 참고 견디고 당하는 것이 신자의 삶입니다. 아무리 힘들어도 회피하거나 타협하지 말아야 합니다.

신자는 눈을 뜬 자입니다. 하나님이 온 우주 만물의 주인 되시는 것과 지금도 영혼을 구원하기 위하여 애써 일하신다는 것을 이제 비로소 직접 눈으로 보고 마음으로 접하게 됩니다. 눈을 떴으니 이제 하나님이 시키시는 일을 수행하며 살아야 합니다. 이것이 신자의 삶입니다.

마침내 우리는 하나님이 지금도 살아 계셔서 역사하시며 내가 그분의 손에 붙잡힌 바 되었노라고 자랑하게 될 것입니다. 이런 내용이 우리의 이력서에 기록될 것입니다. 이것이 우리 모두에게 고루 주신 복이며 신자가 마땅히 누려야 할 특권입니다. 이 사실을 놓치지 말고 누릴 수 있기를 바랍니다.

03

하나님께로부터
난 자

9 참 빛 곧 세상에 와서 각 사람에게 비추는 빛이 있었나니 **10** 그가 세상에 계셨으며 세상은 그로 말미암아 지은 바 되었으되 세상이 그를 알지 못하였고 **11** 자기 땅에 오매 자기 백성이 영접하지 아니하였으나 **12** 영접하는 자 곧 그 이름을 믿는 자들에게는 하나님의 자녀가 되는 권세를 주셨으니 **13** 이는 혈통으로나 육정으로나 사람의 뜻으로 나지 아니하고 오직 하나님께로부터 난 자들이니라 (요 1:9-13)

뜻밖의 구원

본문 말씀은 그 뜻을 이해하기가 상당히 어렵습니다. 신자 대부분이 12절에만 집중하느라 본문의 흐름이나 핵심을 놓치기 때문입니다. "영접하는 자 곧 그 이름을 믿는 자들에게는 하나님의 자녀가 되는 권세를 주셨으니." 이 말씀은 성경의 다른 어떤 약속보다도 힘이 되고 확신을 주는 구절로 알려져 있습니다. 그런데 이 구절만 강조하고 9절에서 13절까지는 그냥 넘어가는 바람에 구원과 믿음에 대해 오해할 때가 종종 있습니다. 이 말씀 때문에 기독교의 핵심이 오해되는 것 같기도 합니다.

한국 교회 대부분의 신자들에게는 구원의 은혜의 깊이와 오묘함을 잘 인식하지 못하는 문제가 있습니다. 요한복음 1장 12절에 근거하여 '예수를 믿기만 하면 구원을 얻는다'라는 말은 누구나 쉽게 하는 말입니다. 그런데 이 말이, 납득할 만한 이유를 제시하면 사람에게 동기를 유발할 수 있다는 식으로 오해되는 것은 아닌지 우려됩니다. 다시 말해 '예수를 믿으면 영생을 얻습니다. 예수를 믿지 않으면 영원한 저주를 받아 지옥에 갑니다. 그러므로 예수를 믿어야 합니다'라는 말이 사람들에게 설득력이 있을 것이라고 생각한다면 곤란하다는 것입니다. 이런 말을 들으면 사람들이 설득되어 예수를 믿을까요?

우리는 종종 이런 착각을 합니다. '예수를 믿지 않으면 지옥에 가고 예수를 믿기만 하면 구원을 얻는다는데, 이런 당연한 말씀을 왜 사람들은 믿지 않는가?' 이것이 신자가 흔히 갖는 맹점 중 하나입니다. 우리는 '예수 믿으면 복을 받는다'라는 말로 전도도 하고 신앙의 분발도 요구합니다. 그러나 이것은 우리의 착각에서 비롯된 것입니다. 성경은 그런 식으로 이야기하지 않습니다. 9절에서 11절 말씀을 다시 자세히 봅시다.

> 참 빛 곧 세상에 와서 각 사람에게 비추는 빛이 있었나니 그가 세상에 계셨으며 세상은 그로 말미암아 지은 바 되었으되 세상이 그를 알지 못하였고 자기 땅에 오매 자기 백성이 영접하지 아니하였으나 (요 1:9-11)

빛이 왔으나 세상이 알지 못했습니다. 세상을 지으신 창조주가 오셨으나 피조물이 알아보지 못했습니다. 이 땅의 주인이요 왕이신 분이 오셨는데도 백성들이 영접하지 않았습니다.

우리는 여기 나오는 지적들이 믿지 않는 이들을 질책하는 것이라고 흔히 생각합니다. '얼마나 바보 같은가. 빛이 왔는데도 빛을 알아보지 못하다니. 하나님이 오셨는데도 그분을 십자가에 못 박다니. 어떻게 그럴 수가 있는가!' 왜 이렇게 생각할까요? 나는 믿었다고 생각하기 때문입니다. 나는 믿었는데 왜 사람들은 믿지 않는가 하고 비교하며 믿지 않는 것을 의아하게 여기는 것입니다. "영접하는 자 곧 그 이름을 믿는 자들에게는 하나님의 자녀가 되는 권세를 주셨으니"라는 12절 말씀을 근거로 나는 믿었지만 다른 사람들은 믿지 않는다며 비교하는 습관이 우리에게 있습니다.

그러나 본문은 전혀 그런 뜻이 아닙니다. 본문의 결론은 12절이 아니라 13절입니다. "이는 혈통으로나 육정으로나 사람의 뜻으로 나지 아니하고 오직 하나님께로부터 난 자들이니라." 이것이 얼마나 무서운 말씀인지 아십니까? 12절에서 말하는 영접하는 것 곧 그 이름을 믿는 것은 사람의 뜻으로 될 수 없다는 것입니다.

인간은 스스로 하나님을 영접할 수 없습니다. 그러므로 혹시 누군가 하나님을 영접하게 된다면 그 사람은 설명할 수 없는 기적을 통과한 것이라는 말씀입니다. 이 점을 염두에 두고 읽으면 9절부터 11절까지는 당연한 이야기입니다. 빛을 알지 못하고 창조주를 알아보지 못하고 왕이 오셨는데도 영접하지 않은 것은 이상한 일이 아닙니다. 사람은 스스로 하나님을 영접할 수 없기 때문입니다. 오히려 사람들이 영접하고 믿는 것이 이상한 일입니다. 그런 사람들은 '사람의 뜻으로 나지 아니하고 오직 하나님께로부터 난 자들'이라고 13절 말씀이 결론짓고 있습니다.

오늘날 기독교인들은 예수님을 믿게 된 것이 얼마나 대단한 복이며 기적인지를 도무지 알지 못합니다. 설득만 잘하면 누구나 믿을 수 있다는 착각에 빠져 있습니다. 전도는 누구에게도 이견이 없는 정당한 것을 제시하는 일이라고 생각합니다. 그래서 설명하고 설득하는데도 믿지 않으면 이상하게 여기며 고개를 갸우뚱합니다. 그러나 성경은 그렇게 말하지 않습니다. 안 믿는 것이 지극히 당연하고 믿는 것이 오히려 신기하다고 합니다. 빛이 비쳐도 빛을 보지 못하고 자기를 만든 창조주가 와도 알아보지 못하고 왕이 와도 영접할 줄 모르는 자들이 스스로 그분을 영접하게 될 가능성은 없기 때문입니다. 그래서 기적입니다. 신비에 속한 일입니다.

그런데 현실에서 보면 예수님을 영접하는 사람이 많습니다. 불가능한 일이 일어나는 것입니다. 성경은 예수님을 영접한 사람들에 대해 '혈통으로나 육정으로나 사람의 뜻으로 나지 아니하고 오직 하나님께로부터 난 자들'이라고 말합니다. 여기에 기독교 복음이 제시하는 은혜와 복과 기적이 담겨 있습니다.

신앙생활을 하다 보면 확신이 흔들릴 때가 있습니다. 예수를 믿었는데도 삶에 별다른 좋은 일이 생기지 않는다는 생각이 들 때 보통 그렇습니다. 예수 믿는 것에 대해 하나님이 확인 도장 같은 것을 찍어 주시지 않는 것 같아서 답답할 때가 많습니다. 예를 들어 예수를 믿으면 이마에 십자가가 나타난다든가 설교하는 목사님을 쳐다보면 위에 무지개가 나타난다든가 하는 식으로 우리의 믿음을 확인할 만한 증거를 주시지 않는 것입니다.

이런 태도는 예수 믿는 것을 내 쪽에서 달성하여 얻은 결과로 여기는 것과 같습니다. 마치 자동판매기 앞에 서서 동전을 넣었으니 뭔가 나와야 한다고 생각하는 것처럼 말입니다. 내가 예수를 믿었는데도 원하는 결과가 나오지 않는다고 안타까워합니다. 교회에 와 주고 헌금 내 주고 철야 기도해 주었는데도 뭔가 나오는 게 없다는 것입니다.

이런 이상한 요구는 예수 믿는 것이 어떤 기적인지를 모르기 때문에 하는 것입니다. 예수 믿는 것은 사람의 힘으로 할 수 없는 일입니다. 완전히 불가능한 일입니다. 그래서 성경은 우리가 예수를 믿게 된 것 자체가 우리의 특권과 자랑과 확신과 복의 기초라고 가르칩니다.

이에 대한 가장 확실한 증거가 마태복음 20장 28절에 나옵니다. "인자가 온 것은 섬김을 받으려 함이 아니라 도리어 섬기려 하고 자기 목숨을 많은 사람의 대속물로 주려 함이니라." 예수님은 섬김을 받으러 오시지 않았습니다. 섬기러 오셨고 자기 몸을 대속물로 주기 위해 오셨습니다. 이것은 엄청난 일입니다. 그런데 우리는 이런 이야기를 들을 때면 하나님이 우리를 위해서 어떻게 희생하시고 얼마나 큰 사랑을 베푸셨는지에만 너무 집중하여, 예수님이 오셔서 우리에게 일어난 일이 얼마나 큰 기적인지를 생각하지 못합니다. 예수님이 오셨다는 사실 자체가 중요한 일입니다. 예수님이 오셔서 우리가 예수를 믿게 된 일이 기적인 것입니다.

예수님은 빛이십니다. 깨닫지 못하는 자들에게 빛이 옵니다. 저주하고 심판하러 온 것이 아닙니다. 지음을 받은 사람들이 지어 주신 분을 알아보지 못해도 그들을 저주하고 꾸짖고 심판하러 오신 것이 아닙니다. 그럴 줄을 이미 알고 오셨습니다. 섬김을 받으러 오신 것이 아니라 섬기러 오신 것입니다. 우리가 맹인이고 영적으로 죽은 죄인이며 멸망의 자녀인 것을 알고도 오셨습니다. 우리가 그분을 몰라본다는 사실을 그분이 더 잘 아십니다. 예수님은 그렇게 오셨습니다. 그런 우리를 고쳐 놓으려고 오신 것입니다. 그분의 오심으로, 그분의 섬김과 그분의 죽으심으로 우리는 고침을 받았습니다. 그러니 예수를 믿는 것은 그 사람에게 기적이 일어났다는 것을 의미합니다.

예수를 믿는다는 것은 납득할 만한 결말을 얻기 위해 제시된 조건을 내가 만족시켜 이루어진 결과가 아닙니다. '죽은 후에 지옥 가는 것보다 천국 가서 영생 얻는 게 낫지 않습니까?' 이렇게 이야기해서 사람들이 예수 믿을 것이라고 생각하면 큰 착각입니다. 5초 후에 죽을 사람에게 이렇게 말하면 믿을까요? "당신은 5초 후에 죽습니다. 예수를 믿는다고 한마디만 하십시오. 그러면 지옥에 가지 않습니다. 5초밖에 안 남았습니다. 믿는다는 말 한마디만 하십시오." 그래도 인간은 예수를 믿겠다고 절대 말하지 않습니다. 1초 남은 상황에서도 안 합니다. 이것이 죄인 된 인간의 본성입니다.

깨닫지 못하는 인간

신자는 자신이 이미 믿고 있으므로 인간이 하나님을 믿는 것이 얼마나 어려운 일인지 잘 이해하지 못합니다. 그래서 신자는 자기에게 일어난 기적을 잘 알아보지 못합니다. 예수를 믿게 된 것이 얼마나 큰 기적이고 감격할 사건인지 모르는 것입니다. 그래서 쓸데없이 다른 증거를 찾으러 다닙니다. "예수를 믿고 하나님을 믿어 드리기로 했으니 이제 나에게 건강을 주십시오, 복을 주십시오, 장수하게 해 주십시오"라며 여러 가지 것을 요구합니다. 그런 것을 받아야 하나님의 자녀인지 확인할 수 있겠다는 것입니다. 물론 이런 것들도 하나님이 주시는 복입니다. 그러나 이런 복이 기독교인의 확신의 근거로 제시된 적은 없습니다.

복을 구하는 일이 하나님에게 가까워지는 기회가 될 수는 있습니다. 그러나 그것이 한국 교회에서는 신자로서의 자기 확인을 위한 유일한 방법처럼 여겨지고 있습니다. 이것이 문제입니다. 신자의 자기 확인은 그런 것들로 할 수 있는 것이 아닙니다. 신자는 '내가 예수 그리스도를 믿는다'라는 사실 하나만으로 자기 확인이 충분히 되는 존재입니다. 내가 예수를 믿고 있다는 믿음이 이미 우리에게 일어난 기적을 증거하고 있습니다.

우리는 어떻게 믿게 되었습니까? '혈통으로나 육정으로나 사람의 뜻으로 나지 아니하고 오직 하나님께로부터 난 자들'이기 때문에 믿게 된 것입니다. 이 사실을 인정해야 합니다. 성경이 이 부분을 얼마나 강조하는지 구약을 통해 살펴봅시다.

구약의 이스라엘은 죄인인 인류를 상징합니다. 하나님이 이스라엘 백성을 향하여 무엇이라고 말씀하셨는지 대표적인 구절을 찾아봅시다. 이사야 1장입니다.

> 하늘이여 들으라 땅이여 귀를 기울이라 여호와께서 말씀하시기를 내가 자식을 양육하였거늘 그들이 나를 거역하였도다 소는 그 임자를 알고 나귀는 그 주인의 구유를 알건마는 이스라엘은 알지 못하고 나의 백성은 깨닫지 못하는도다 하셨도다 슬프다 범죄한 나라요 허물 진 백성이요 행악의 종자요 행위가 부패한 자식이로다 그들이 여호와를 버리며 이스라엘의 거룩하신 이를 만홀히 여겨 멀리하고 물러갔도다 너희가 어찌하여 매를 더 맞으려고 패역

을 거듭하느냐 온 머리는 병들었고 온 마음은 피곤하였으며 발바닥에서 머리까지 성한 곳이 없이 상한 것과 터진 것과 새로 맞은 흔적뿐이거늘 그것을 짜며 싸매며 기름으로 부드럽게 함을 받지 못하였도다 너희의 땅은 황폐하였고 너희의 성읍들은 불에 탔고 너희의 토지는 너희 목전에서 이방인에게 삼켜졌으며 이방인에게 파괴됨 같이 황폐하였고 딸 시온은 포도원의 망대 같이, 참외밭의 원두막 같이, 에워 싸인 성읍 같이 겨우 남았도다 만군의 여호와께서 우리를 위하여 생존자를 조금 남겨 두지 아니하셨더면 우리가 소돔 같고 고모라 같았으리로다 너희 소돔의 관원들아 여호와의 말씀을 들을지어다 너희 고모라의 백성아 우리 하나님의 법에 귀를 기울일지어다 여호와께서 말씀하시되 너희의 무수한 제물이 내게 무엇이 유익하뇨 나는 숫양의 번제와 살진 짐승의 기름에 배불렀고 나는 수송아지나 어린 양이나 숫염소의 피를 기뻐하지 아니하노라 너희가 내 앞에 보이러 오니 이것을 누가 너희에게 요구하였느냐 내 마당만 밟을 뿐이니라 헛된 제물을 다시 가져오지 말라 분향은 내가 가증히 여기는 바요 월삭과 안식일과 대회로 모이는 것도 그러하니 성회와 아울러 악을 행하는 것을 내가 견디지 못하겠노라 내 마음이 너희의 월삭과 정한 절기를 싫어하나니 그것이 내게 무거운 짐이라 내가 지기에 곤비하였느니라 너희가 손을 펼 때에 내가 내 눈을 너희에게서 가리고 너희가 많이 기도할지라도 내가 듣지 아니하리니 이는 너희의 손에 피가 가득함이라 너희는 스스로 씻으며 스스로 깨끗하게 하여 내 목전에서 너희 악한 행실을 버리며 행악을 그치고 선행을 배우며 정의를 구하며 학대 받는 자를 도와 주며 고아를 위하여 신원하며 과부를 위하여

변호하라 하셨느니라 (사 1:2-17)

하나님이 이스라엘 백성에게 이 끔찍한 말씀을 하셨습니다. 3절에 "소는 그 임자를 알고 나귀는 그 주인의 구유를 알건마는 이스라엘은 알지 못하고 나의 백성은 깨닫지 못하는도다"라고 합니다. 요한복음 1장 9절부터 11절까지의 말씀과 똑같습니다. 이스라엘 백성도 다른 민족과 마찬가지로 하나님을 몰랐습니다. 그들도 죄인인 인간이기 때문입니다. 하나님이 더 많은 것을 베푸신다고 해도 인간은 나아지지 않습니다. 근본적 변화가 일어나지 않는 한 인간은 나아지지 않습니다. 오죽하면 10절에서 이렇게 말씀하시겠습니까? "너희 소돔의 관원들아 여호와의 말씀을 들을지어다 너희 고모라의 백성아 우리 하나님의 법에 귀를 기울일지어다." 이스라엘 백성을 소돔의 관원, 고모라의 백성이라고 하십니다. 이 성읍들은 하나님 앞에 징계를 받아 멸망한 성읍입니다. 이스라엘 백성이 그들과 다르지 않다는 것입니다.

무엇을 지적하려는 것일까요? 하나님의 지적은 한 가지입니다. 인간에게는 자기 문제를 스스로 해결할 능력이 전혀 없다는 것입니다. 성경이 거듭 말하는 것이 이것입니다. '의인은 없나니 하나도 없으며'(롬 3:10). 이것이 성경의 주장입니다. 아무도 자신을 구원할 수 없으며, 구원과 진리와 생명에 대하여 아는 자도 없고 관심을 가진 자도 없다는 것입니다.

우리에게 일어난 엄청난 기적

신기하게도 우리는 믿고 있습니다. 이것이 성경이 말하고 싶어 하는 점입니다. 우리가 어떻게 예수님을 알게 되었으며 어떻게 하나님을 믿게 되었습니까? 우리가 믿게 된 것은 예수님의 오심과 죽으심으로 말미암은 것입니다. 이 일이 우리에게 큰 기적입니다. 예수님이 우리를 믿게 하시고 영접하게 하신 것입니다. 꿈에라도 내가 예수를 이해해서 스스로 믿은 것이라고 생각하면 안 됩니다.

내가 예수를 믿게 된 것, 예수를 믿는다고 고백하는 것, 하나님에 대한 관심을 갖게 된 것이 얼마나 엄청난 기적에서 비롯한 것인지 아십니까? 씨가 뿌려지지 않았는데 싹이 나는 법은 없습니다. 봄에 심지 않으면 가을에 곡식을 거둘 수 없습니다. 가을 들녘에 황금물결이 뒤척이는 것은 봄에 씨가 뿌려졌기 때문입니다. 그런 일이 우리에게 먼저 벌어졌기에 우리가 예수 그리스도를 나의 주, 나의 하나님이라고 부르고 있는 것입니다. 구약은 이사야 1장과 마찬가지의 말씀으로 끝납니다. 말라기 1장을 찾아봅시다.

> 만군의 여호와가 이르노라 너희가 내 제단 위에 헛되이 불사르지 못하게 하기 위하여 너희 중에 성전 문을 닫을 자가 있었으면 좋겠도다 (말 1:10 상)

구약은 이렇게 끔찍한 말씀으로 끝납니다. 아브라함이 하나님의 부름을 받아 이스라엘이 시작되었습니다. 그리고 모세를 통해 출애굽했습니다. 홍해가 갈라지고 갈멜산 제단에는 불이 붙고 다니엘 앞에서 사자가 잠잠합니다. 이 자랑스러운 역사가 이어져 마침내 도달한 결론은 무엇입니까? 이스라엘 백성이 회개하고 하나님 앞에 순종했습니까? 그렇지 않았습니다. 그들을 보며 하나님은 "성전 문을 닫아라. 이제 더 이상은 너희 얼굴도 보고 싶지 않다"라고 하셨습니다.

그런데 이것으로 끝입니까? 이 말씀은 저주의 선언도 심판의 목소리도 아니었습니다. 하나님은 결국 예수 그리스도를 보내십니다. 이스라엘 전 역사에 걸쳐 인간이 어떤 존재인지 확실히 드러나게 됩니다. 예수 그리스도가 오셔야 하는 필요성이 분명해진 것입니다. '나로 말미암지 않고는 아버지께로 올 자가 없느니라'(요 14:6). 이 선언이 진리이고 사실인 것을 역사 앞에서 인정할 수밖에 없습니다.

우리는 믿습니다. 그러나 우리가 믿고 있다는 이 엄청난 기적을 무엇으로 설명하겠습니까? 우리는 우리에게 일어난 기적, 곧 이미 우리 손에 잡고 있는 복, 약속, 특권에 대하여 무지합니다. 우리는 혈통으로나 육정으로나 사람의 뜻으로 난 자가 아니요 하나님의 뜻으로 난 자들입니다. 로마서 8장 31절 이하에서 사도 바울은 이렇게 말합니다. '하나님이 우리를 위하시면 누가 우리를 대적하리요'(롬 8:31). '사망이나 생명이나 천사들이나 권세자들이나 현재 일이나 장래 일이나 능력이나 높음이나 깊음이나 다른 어떤 피조물이라도 우리를 우리 주 그리스도 예수 안에 있는 하나님의 사랑에서 끊을 수 없으리라'(롬 8:38-39).

'우리를 끊을 자 없으리라'라는 이 말씀은 어디에 근거한 것입니까? 지금 이 자리에 와 있는 것은 우리가 출발해서 도달한 것이 아닙니다. 사도 바울의 말은 우리가 사람의 뜻이 아닌 하나님의 뜻으로 말미암아 이 자리까지 온 것을 알기 때문에 나오는, 북받친 감격의 고백입니다. 이런 자신감은 모든 신자가 이미 갖고 있는 특권입니다. 예수 믿는 사람이라면 반드시 이 기적을 통과한 것입니다. 그것을 인식했는지 여부와 상관없이 말입니다. 이 문제에 대해 예수님이 지적하신 말씀이 있습니다. 요한복음 9장을 봅시다.

> 예수께서 이르시되 내가 심판하러 이 세상에 왔으니 보지 못하는 자들은 보게 하고 보는 자들은 맹인이 되게 하려 함이라 하시니 바리새인 중에 예수와 함께 있던 자들이 이 말씀을 듣고 이르되 우리도 맹인인가 예수께서 이르시되 너희가 맹인이 되었더라면 죄가 없으려니와 본다고 하니 너희 죄가 그대로 있느니라
> (요 9:39-41)

여기 두 부류의 사람이 나옵니다. 보지 못하는 사람과 보는 사람입니다. 예수님이 심판하러 오셨는데 보는 사람을 심판하신다고 합니다. 예수님은 무슨 말씀을 하시려는 것일까요? 너희는 사실 모두 다 보지 못하는 자들이라고 지적하시는 것입니다. "나는 보지 못하는 자를 눈 뜨게 하러 왔다. 너희 모두에게는 내가 필요하다. 너희는 보지 못하는 자들이기 때문이다. 너희가 볼 수 있다면 내게 올 필요가 없다. 이미 눈을 떴다면 무엇하러 내게 오느냐. 뜬 눈으로 잘 살아 보아라." 예수님은 모두가 보지 못하므로 보게 하러 왔다고 말씀하십니다.

요한복음 1장 9절에서 11절까지의 말씀은 결코 저주나 꾸중이

아닙니다. 사실을 말씀한 것일 뿐입니다. 바로 이런 사실 때문에 예수님이 오신 것입니다. 예수님이 오셔야 우리는 그분을 영접할 수 있게 됩니다. 구원은 우리에게서 출발한 것이 아니라는 말입니다. 우리가 얼마나 큰 기적과 복과 은혜 속에 있는지 아시겠습니까?

이 사실만으로 충분합니다. 여기에 덧붙여지는 것은 마치 아이스크림 위에 꽂아 놓은 장식 같은 것입니다. 물론 하나님은 사랑하는 자녀들을 위해 복 위에 복을 더해 주기 원하십니다. 우리를 예수 믿게 하시고 하나님의 자녀로 만드셨을 뿐만 아니라, 우리의 생애를 간섭하시며 가장 좋은 것들을 주실 것입니다. 그러나 어떤 복도 하나님을 믿는 기적을 허락하신 이 첫 번째 복을 능가하거나 이것에 비교될 수는 없습니다.

여기서 우리 삶이 신앙으로 승리하지 못하는 이유가 무엇인지 확인할 수 있습니다. 신앙생활을 하면서도 그토록 무력한 이유가 무엇인지 돌아볼 수 있습니다. 무엇보다도 먼저 우리는 예수를 믿는다는 것이 얼마나 무서운 사실이며 대단한 기적인지, 이것이 얼마나 큰 복이며 자랑인지 확인해야 합니다. 우리는 이미 기적을 경험한 사람들입니다. 하나님을 아버지라고 부르는 놀라운 반열에 서 있는 자들입니다.

어떤 것도 우리를 흔들고 방해하며 유혹할 수 없습니다. 이것은 신자라면 누구나 손에 잡고 있는 복입니다. 이 사실을 놓치지 마십시오. 혼동하거나 의심하지 마십시오. 이 사실을 누리어 감사하고 찬송하면서 우리의 생애가 하나님 안에서 승리하는 것을 매일매일 맛보기 바랍니다.

우리를 찾아오신 예수 그리스도께서 하신 일, 내가 오늘 이 자리에 있게 된 기적을 이해하지 못하는 신자만큼 불행한 사람은 없습니다. 그런 사람은 복된 운명에 초대받았음에도 매일 우스꽝스러운 생활을 하게 됩니다.

복이 이미 우리에게 임했습니다. 이제 우리가 해야 할 일은 그 복을 우리의 것으로 삼아 누리고 감사하면서 살아가는 것입니다. 그것을 놓치지 않겠다고 굳게 다짐하십시오. 이 큰 복으로 말미암아 하나님을 찬송하는 일이 모두의 심령에 넘치기를 바랍니다.

04

우리가
그의
영광을
보니

14 말씀이 육신이 되어 우리 가운데 거하시매 우리가 그의 영광을 보니 아버지의 독생자의 영광이요 은혜와 진리가 충만하더라 15 요한이 그에 대하여 증언하여 외쳐 이르되 내가 전에 말하기를 내 뒤에 오시는 이가 나보다 앞선 것은 나보다 먼저 계심이라 한 것이 이 사람을 가리킴이라 하니라 16 우리가 다 그의 충만한 데서 받으니 은혜 위에 은혜러라 17 율법은 모세로 말미암아 주어진 것이요 은혜와 진리는 예수 그리스도로 말미암아 온 것이라 18 본래 하나님을 본 사람이 없으되 아버지 품 속에 있는 독생하신 하나님이 나타내셨느니라 (요 1:14-18)

구원에 대한 오해

본문 14절에서 가장 중요한 단어가 무엇인지 생각해 봅시다. "말씀이 육신이 되어 우리 가운데 거하시매 우리가 그의 영광을 보니 아버지의 독생자의 영광이요 은혜와 진리가 충만하더라." 여기서 가장 중요한 단어는 '보니'입니다. '그 영광을 보니'에서 '보다'라는 단어가 가장 중요합니다. 이 점을 염두에 두어야 구원을 잘 이해할 수 있습니다. 또 '예수를 믿으면 구원을 얻는다'라는 말이 무슨 뜻인지 알게 되어 율법과 은혜를 구분할 수 있게 됩니다.

우리는 율법과 은혜를 이런 식으로 이해하곤 합니다. '율법'이라는 것은 시험을 치를 때 우리가 직접 답안지를 쓰는 것과 같다, 답안지를 썼는데 빵점을 맞았다, 하나님이 요구하시는 기준에 미달한 것이다, 그래서 '은혜'라는 것이 주어졌다, 은혜는 우리 대신 예수님이 오셔서 답안지를 쓰신 것이다, 이제 예수님이 우리를 대속하여 일하셨다는 것을 인정하기만 하면 된다, 그러면 예수님이 쓰신 답안지가 우리의 것으로 간주되어 우리가 구원을 얻게 된다, 이렇게 생각하는 경향이 있습니다. 그러나 이런 생각은 율법과 은혜에 대한 올바른 이해가 아닙니다.

율법과 은혜에 대해서 잘못 생각하듯, 구원에 대해서도 잘못 생각하는 경향이 있습니다. 우리가 구원의 자리까지 나아갈 수 없기 때문에 하나님이 우리를 구원하러 오셨다, 라는 생각은 맞습니다. 여기까지는 좋은데 그다음에 따라오는 생각이 문제입니다. 예수 그리스도께서 우리를 위하여 구원을 다 이루어 놓으셨다, 이제는 우리 편에서 할 일이 남았는데 그것은 예수를 믿어 드리는 일이다, 믿지 않는 자는 믿지 않아서 정죄를 당하고, 믿는 자는 믿기 때문에 구원을 얻는다, 그러니 우리가 믿어서 구원을 우리 자신에게 적용해야 한다, 라는 생각은 잘못된 것입니다.

구원에 대해 이렇게 생각하는 것은 앞에 나온 율법에 대한 오해와 조금도 다를 것이 없습니다. 우리의 능력이 요구된다는 면에서 율법을 오해한 경우와 마찬가지이기 때문입니다. 믿는 일을 우리가 해내는 것으로 생각하는 것입니다. 앞에서 보았듯 우리가 답안지를 써 내려가도 정답을 맞힐 능력이 없었던 것처럼 인정하고 믿기만 하라는 새로운 요구도 어렵기는 마찬가지입니다. 우리의 무능력 때문입니다. 인간은 능력이 없어, 답안지를 채워 정답을 맞히는 일뿐만 아니라 그보다 더 쉬운 일도 해낼 수가 없습니다.

그래서 율법은 성경에서 아주 중요하게 여겨지면서도 구원의 방법으로 제시된 적이 한 번도 없습니다. 율법 준수가 구원의 근거일 수 없습니다. 인간에게는 율법을 지킬 능력이 없기 때문입니다. 율법 준수가 구원의 근거가 아니라면, 율법의 용도는 무엇일까요? 율법은 하나님을 찾아가는 데 도움을 주는 약도라고 할 수 있습니다. 약도를 보면 하나님을 찾아갈 수 있습니다. 그러나 율법을 받았던 유대인들은 그것이 약도인 줄 모르고 돌돌 말아서 지팡이로 썼습니다. 길을 갈 때 지팡이를 짚으면 더 편할 수 있습니다. 그러나 율법은 약도로 주어진 것이지 지팡이로 사용하라고 주어진 것이 아닙니다.

율법의 용도는 분명합니다. 약도를 잘 따라가면 목적지까지 갈 수 있습니다. 그런데 약도가 도움이 되려면 전제 조건이 있습니다. 약도를 볼 수 있는 눈이 있어야 합니다. 그러나 요한복음 1장에서 보듯 유대인들에게는 약도를 볼 수 있는 눈이 없었습니다. 그래서 유대인들은 율법이 약도라는 것조차 알아보지 못해 기껏 지팡이로 썼을 뿐입니다. 그런 점에서 유대인은 이방인과 마찬가지였습니다.

복음도 이렇게 오해되곤 합니다. '예수 그리스도께서 우리의 지팡이가 되었으니 예수 그리스도를 붙잡은 자는 목적지까지 간다'라는 말을 생각해 봅시다. 이제는 살아 계신 하나님이 우리 구원의 주, 곧 우리의 지팡이로 오셨으니 우리 손으로 그분을 꽉 붙들면 구원을 얻을 수 있다는 것입니다. 그러나 우리가 우리의 능력으로 그분을 붙잡을 수 있을까요? 그런 능력이 우리에게 과연 있기나 할까요? 14절 말씀을 통해 이런 오해를 바로잡을 수 있을 것입니다.

선택할 수 없는 구원

본문 14절을 다시 봅시다. "말씀이 육신이 되어 우리 가운데 거하시매 우리가 그의 영광을 보니 아버지의 독생자의 영광이요 은혜와 진리가 충만하더라." 요한복음 1장에는 하나님의 영광을 보는 사람과 보지 못하는 사람이 나옵니다.

앞에서 살펴본 12절 말씀을 기억합니까? 우리는 자꾸 12절만 떼어 구원에 대해 생각하는 경향이 있다고 했습니다. "영접하는 자 곧 그 이름을 믿는 자들에게는 하나님의 자녀가 되는 권세를 주셨으니." 이 구절을 잘못 생각하면, 예수를 영접하는 일이 개인의 선택에 달린 문제로 여겨질 수 있습니다. 예수를 영접할 것인가 말 것인가 하며 이것을 개인에게 달린 선택의 문제처럼 생각하는 것입니다. 그러나 13절에서 보듯 성경에서는 구원이 우리 자신의 선택에 따른 결과가 아니라고 가르칩니다. 우리는 사람의 뜻으로 난 자가 아니라 오직 하나님으로부터 난 자들입니다. 우리가 예수를 선택하여 구원을 얻은 것이 아닙니다.

본문 14절은 보는 사람에 관한 이야기입니다. 보게 된 것을 우리가 선택한 결과라고 생각할 수 없습니다. 그리스도 안에 있을 때의 결과는 영광과 진리와 은혜이고 그리스도를 거부했을 때의 결과는 지옥과 형벌과 저주인데 둘 중 하나를 선택해야 하는 식으로 생각할 수 없는 문제입니다. 구원은 인간이 선택할 수 있는 것이 아닙니다. 인간은 구원받는 것을 선택하지 못합니다. 눈을 뜨지 못하여 볼 수 없는 상태일 때 인간은 어둠밖에 알지 못합니다. 그런 인간에게 빛과 어둠 중 하나를 선택하라고 할 수 없습니다. 어떻게 맹인에게 빨간색과 파란색을 구분하라고 하겠습니까? 신자는 스스로가 빛을 선택한 사람이 아니라 하나님이 보게 하셔서 빛을 보게 된 사람들입니다.

우리는 보게 된 사람들입니다. 혈통으로나 육정으로나 사람의 뜻으로 나지 아니한 자들, 오직 하나님으로부터 난 자들, 기적을 통과한 자들, 거듭난 자들, 곧 구원을 얻은 사람들이라고 성경은 이야기합니다. 이처럼 우리는 구원에 대해 선택할 능력이 없습니다. 우리에게 하나님을 만나는 자리까지 오라고 했지만 그것이 불가능하기 때문에 하나님이 직접 찾아오셨습니다.

하나님이 인간에게 친히 찾아오신 사건을 가장 잘 보여 주는 구약의 사건이 있습니다. 야곱이 벧엘에서 하나님을 만난 사건입니다. 야곱이 브엘세바를 떠나 하란을 향해 가던 길입니다. 길을 가다 해가 지자 그곳에 머물러 돌을 베개 삼아 잠을 자는데 꿈에 여호와의 사자가 나타납니다. 잠이 깬 야곱은 그곳을 '벧엘'이라고 이름 짓습니다. 야곱이 하나님을 찾아가서 만난 것이 아니라 하나님이 야곱을 찾아와 만나 주신 것입니다. 그래서 '벧엘', 곧 '하나님의 집'이 된 것입니다. 우리의 구원도 마찬가지입니다. 우리가 찾아 올라가서 하나님을 만난 것이 아니라 하나님이 찾아 내려와 우리를 만나 주신 것입니다.

그런데 우리가 헷갈리는 이유는 성경 말씀들을 오해하여 구원을 얻기 위해서는 인간의 선택이 필요하다고 생각하기 때문입니다. 요한계시록 3장 20절이 대표적인 예입니다. "볼지어다 내가 문 밖에 서서 두드리노니 누구든지 내 음성을 듣고 문을 열면 내가 그에게로 들어가 그와 더불어 먹고 그는 나와 더불어 먹으리라." 문을 열지 않으면 예수님이 그 사람의 마음에 들어갈 수 없다는 말씀으로 잘못 읽힐 수 있습니다. 사도행전 16장에도 이런 오해를 받는 구절이 있습니다. '주 예수를 믿으라 그리하면 너와 네 집이 구원을 받으리라'(행 16:31).

우리가 할 수 있는 선택은 눈을 떠 보게 된 이후의 것들에 대한 선택입니다. 예수 그리스도가 누구신지를 보게 되고 예수 그리스도를 믿지 않는 것이 무엇인지 알게 된 후 하나님 앞에 동의하고 공감하고 협조하는 문제에 대한 것입니다. '보았는가, 그러면 이제 어떻게 살아야 옳다고 생각하는가' 하는 문제에 대한 선택을 말하는 것이지, 운명을 결정하는 선택이 아닙니다. 우리는 자신의 운명을 스스로 선택할 권리를 행사하여 "네, 제가 예수를 믿겠습니다"라고 할 수 없는 존재입니다.

우리가 알게 된 것에 대해 스스로 항복하는 일은 우리가 볼 수 있게 된 다음의 일입니다. 그 일이 바로 '믿는다'는 고백입니다. 믿는다는 것은 본질은 알지만 거기까지 가는 길을 모를 때 쓰는 말입니다. 도박에서 돈을 걸 듯 알지 못하는 것에 대해 내기하는 것을 믿음이라고 하지 않습니다.

예를 들어 믿지 않는 사람들에게 예수 그리스도와 기독교에 대해 이야기한다고 생각해 봅시다. 어떻게 설명할 수 있을까요? 상대가 충분히 받아들이도록 설명하는 것은 거의 불가능하다는 사실을 경험한 적이 있을 것입니다. 하나님은 안 계신 곳이 없고 못하시는 일이 없다고 하면 이렇게 질문하는 사람들이 있습니다. '그렇다면 하나님은 들지 못할 만큼 무거운 것을 만들 수 있는가?' 어떻게 답하든 상대를 만족시킬 수 없는 질문입니다. 만약 못 만든다고 하면 전능하지 못하다고 할 것이고, 만들 수 있다고 하면 자기가 만든 것인데도 못 드는 하나님이 어디 있냐고 따질 것입니다. 우리가 누군가의 손을 붙잡고 예수 그리스도와 기독교에 대해 목이 쉬도록 설명하면 그가 교회에 올 것이라고 생각하십니까? 그렇지 않습니다. 우리의 논리적인 설득만으로는 그를 교회에 나오게 할 수 없습니다. 우리는 내용을 알고 있지만 과정은 설명할 수 없습니다. 이처럼 내용은 알고 있는데 과정은 설명할 수 없을 때 '믿음'이라는 말을 쓰는 것입니다.

우리는 예수 그리스도와 하나님이 누구신지를 압니다. 그러나 그것을 다른 사람에게 납득시킬 방법은 없습니다. 그것이 믿음입니다. 예수를 믿는다는 것은 예수 그리스도와 하나님으로 말미암아 항복하는 것입니다. 내용과 본질과 핵심을 충분히 받아들이게 되었다는 뜻입니다. 믿기로 했다는 것은 이제부터는 하나님 편에 서기로 결심했다는 것입니다. 앞으로 이해가 될 것이라고 생각해서 결심하는 것도 아닙니다. 믿음은 앞으로 무엇인가를 얻게 될 것이라고 생각해서 시작하는 투자도 아니고 그렇다고 지금 아무것도 없으면서 무모하게 뛰어드는 도박도 아닙니다. 믿음을 이해하는 것이 신앙생활에서 얼마나 중요한지 살펴봅시다.

취소되지 않는 구원

우리의 신앙생활은 좌절로 가득 차 있습니까, 승리로 가득 차 있습니까? 혹시 좌절감에 빠졌을 때 '나는 이미 틀려먹은 놈이다. 이렇게까지 형편없이 타락했는데 무슨 낯으로 신앙생활을 할 수 있을까' 하고 고민해 본 적은 없습니까? 이런 생각이 드는 것은 구원 얻은 것을 스스로가 선택한 결과라고 생각하기 때문입니다. 믿기로 했다는 자신의 선택을 구원의 근거로 여기는 것입니다. 그런데 이런 오해에 빠지면 내가 타락하여 면목 없이 살면 예수를 놓아 버릴 수도 있다는 결론에 이르게 됩니다.

그러나 구원에 이른 것은 우리가 예수를 붙잡아서가 아닙니다. 예수 그리스도가 오셔서 우리를 꽉 붙들고 변화시키셨기 때문입니다. 우리는 눈을 떠 볼 수 있게 된 후에야 비로소 '아! 내가 예수를 믿는구나' 하고 알게 되는 것입니다. 이때의 믿음은 하나님에게 항복한다는 신앙고백입니다. 먼저 찾아오신 하나님에게 보이는 우리의 반응입니다. 우리 스스로가 운명을 결정하는 선택에 관한 것이 아닙니다.

하나님의 자녀로 태어난 자라면 아무리 타락한 생활을 할지라도 지옥으로 갈 수 없습니다. 어제도 방탕한 생활을 했고 오늘도 타락한 생활을 하다가 내일도 짐승같이 밑바닥 삶을 산다고 할지라도 우리는 이미 하나님 손에 붙잡힌 사람들이기 때문에 하나님 앞으로 가고 말 것입니다.

어떤 사람들은 이런 하나님의 은혜에 대해 들으면 "그럼, 오늘부터 내 멋대로 살아도 되겠네"라고 말합니다. 그런데 하나님의 은혜 안에 있다는 말이 '게을러도 좋다. 마음대로 해도 좋다'라는 허가의 뜻일까요? 만일 우리가 마음대로 살아 구원에서 탈락할 수 있다면 오히려 속이 편할지도 모릅니다. '좋다. 이왕 버린 몸이니 이 세상에서나 잘 먹고 잘 살아 보자. 그리고 떳떳이 지옥에 가리라' 하고 생각할 수도 있습니다.

그러나 우리는 아무리 제멋대로 살아도 하나님의 손안에서 빠져나갈 수 없습니다. 왜냐하면 구원 자체가 우리로 말미암지 않고 하나님으로 말미암은 것이기 때문입니다. 하나님이 우리를 붙잡으신 이상, 우리는 하나님 손에서 벗어날 만큼 타락할 수 없습니다. 우리는 최악의 수준이었을 때에 붙잡혔기 때문입니다. 계속 그 수준에 머물러 있어도 우리는 절대 지옥에 가지 않습니다. 만약 제멋대로 살다가 염라대왕 앞에 가면 영원히 고통을 당하겠지만 떳떳할 수는 있을 것입니다. 죄를 지은 대가로 염라대왕 앞에 왔으니 주눅 들 필요가 없기 때문입니다. 그런데 지옥 가는 일도 내 마음대로 할 수 없다면 우리는 천국에서 얼마나 민망한 마음으로 살아야 할까요? 그것만큼 괴로운 일도 없을 것입니다.

지금 우리 모습 그대로 하나님 앞에 서게 된다고 생각해 봅시다. 얼마나 면목 없습니까? 성경은 이런 차원에서 우리에게 성실을 요구하는 것입니다. 공포심을 조장하려고 이야기하는 것이 아닙니다. 그러니 우리가 지금 어떻게 살아도 운명이 바뀌지 않는 자리에 있다는 것으로 위로받기 바랍니다. 또한 그 자리에 떳떳하게 갈 수 없다는 사실에 늘 긴장해야 합니다. 이것이 복음에 담긴 위로이자 무서운 권면입니다.

우리는 스스로 선택해서 예수를 믿은 사람들이 결코 아닙니다. 하나님이 눈을 뜨게 해 주셔서 보게 된 사람들입니다. 하나님으로 말미암아 예수 그리스도가 누구신지 알게 된 사람들입니다. 예수 그리스도께서 친히 우리를 붙들러 오셨습니다. 그분이 우리를 붙들고 자녀로 삼으셔서 우리 이름을 생명책에 기록하시고 우리가 거할 곳을 예비하러 먼저 가셨습니다. 이것이 성경이 말하는 구원입니다. 요한복음 14장을 봅시다.

> 너희는 마음에 근심하지 말라 하나님을 믿으니 또 나를 믿으라 내 아버지 집에 거할 곳이 많도다 그렇지 않으면 너희에게 일렀으리라 내가 너희를 위하여 거처를 예비하러 가노니 가서 너희를 위하여 거처를 예비하면 내가 다시 와서 너희를 내게로 영접하여 나 있는 곳에 너희도 있게 하리라 (요 14:1-3)

예수님은 이미 이 땅에서 우리를 소유하셨고 우리를 위한 거처를 예비하러 가셨습니다. 하늘나라에 왕궁을 준비하고 계십니다. 하나님이 깨닫게 해 주셔야 예수를 알 수 있고 구원을 얻을 수 있다는 것을 증언해 주는 또 다른 말씀이 있습니다. 로마서 10장을 봅시다.

> 누구든지 주의 이름을 부르는 자는 구원을 받으리라 그런즉 그들이 믿지 아니하는 이를 어찌 부르리요 듣지도 못한 이를 어찌 믿으리요 전파하는 자가 없이 어찌 들으리요 보내심을 받지 아니하였으면 어찌 전파하리요 기록된 바 아름답도다 좋은 소식을 전하는 자들의 발이여 함과 같으니라 (롬 10:13-15)

얼핏 보면, 이 말씀은 전도자의 사명과 필요성에 대한 말씀으로만 보입니다. 그런데 이 외에도 참으로 깊은 내용이 담겨 있습니다. "누구든지 주의 이름을 부르는 자는 구원을 받으리라"라는 것만큼 놀라운 말씀은 없습니다. 주의 이름을 부르는 것, 곧 그를 아는 것으로 구원을 받는다니 얼마나 놀랍습니까? 예수를 선택했는지 선택하지 않았는지를 묻지 않습니다. 예수 그리스도의 이름을 아는 것만으로 이미 구원을 얻었다는 것입니다.

요한복음 1장에서 계속 나오는 이야기가 바로 이것입니다. 우리는 원래 빛을 모르는 자들, 하나님을 보지 못하는 자들, 진리를 모르는 자들, 구원의 필요성을 모르는 자들이었으나 하나님이 우리의 눈을 뜨게 하셔서 우리가 그리스도를 알고 그리스도의 이름을 부르게 되었고 변화되었다는 것입니다. 누구든지 그리스도의 이름을 아는 자, 그의 이름을 부르는 자는 이미 변화된 자입니다.

우리가 얼마나 신자답게 사는가 하는 문제는 그다음 일입니다. 지금 예수를 믿을까 말까 고민하고 있습니까? 예수님과 세상을 나란히 놓고 번갈아 보고 있습니까? 놀라운 사실은 우리가 이미 예수님을 보고 있다는 사실입니다. 세상 사람들은 오직 세상 하나밖에 볼 수 없습니다. 신자만이 예수님과 세상을 함께 놓고 볼 수 있습니다. 이런데도 아직 세상에 속해 있다고 우기겠습니까?

세상에서 수십 년 동안 방탕하게 살며 허송세월하다가 예수님에게 돌아오는 사람도 많습니다. 이들이 예수 그리스도를 알게 된 것은 각자의 의지로 어떤 조건을 충족했기 때문이 아닙니다. 복음은 인간이 선택하도록 쇼윈도에 진열된 상품이 아닙니다. 구원의 복을 얻은 신자만이 예수님을 볼 수 있는 것입니다.

로마서 10장 14절의 '그런즉 그들이 믿지 아니하는 이를 어찌 부르리요'라는 구절이 그런 의미입니다. 믿는 쪽을 선택하라는 말이 아닙니다. 하나님이 누구신지 모르는 사람은 하나님을 믿을 수도, 부를 수도 없다는 것입니다. 믿는 것은 인간의 선택과 의지로 되는 것이 아닙니다. 구원을 얻은 사람만이 믿을 수 있는 것입니다. 우리는 천지를 지으신 하나님이 예수 그리스도를 보내 주셔서 그분을 만나고 보게 된 사람들입니다. 그래서 지금 예수를 믿는 것입니다.

복음의 진정한 의미

율법과 복음의 현저한 차이가 여기 있습니다. 율법에 제시된 것은 반드시 행해야 하고 만일 행하지 않으면 벌을 받게 됩니다. 복음도 그런 것일까요? 만일 복음을 믿어서 구원을 얻고 믿지 않아서 벌을 받는다고 한다면 복음은 율법과 다를 바 없을 것입니다. 복음을 듣고 받아들였다면 이미 들을 귀를 가진 자입니다. 복음의 복음 됨이 여기에 있습니다. 구원은 우리의 선택으로 얻을 수 있는 것이 아닙니다. 복음은 율법처럼 제시한 대로 행하라는 차원에서 믿으라고 주어진 것이 아닙니다. 우리는 율법을 절대 지킬 수 없습니다. 그래서 하나님이 직접 복음으로 꿰뚫고 들어와 우리를 변화시키신 것입니다. 이것이 복음입니다.

한 사람이 어느 날 갑자기 하나님을 알게 되고 영혼에 대한 감각이 생겨나 교회에 나오게 되었다고 합시다. 어떻게 이런 일이 가능하게 되었을까요? 복음이 뚫고 들어와 변화가 생긴 것입니다. 하나님이 한 사람의 심령을 친히 일으켜 세우신 것입니다. 보고 듣게 되어야 비로소 고민하고 괴로워할 수 있습니다.

우리가 할 일은 하나님에게 항복하는 것밖에 없습니다. 항복해서 구원을 얻는다는 뜻이 아닙니다. 구원은 먼저 얻은 것이고 항복은 그다음에 하는 것입니다. 이제 우리는 좋든 싫든 하나님의 자녀입니다. 성실하게 사는 하나님의 자녀가 있고, 그렇지 못한 자녀가 있을 뿐입니다. 우리는 이러한 큰 복 안에 이미 들어와 있는 자들입니다. 이것이 우리의 현실입니다. 다시 본문으로 돌아가 봅시다. 성경은 이 문제에 대해 강력하고 확실하게 선언하고 있습니다.

> 말씀이 육신이 되어 우리 가운데 거하시매 우리가 그의 영광을 보니 아버지의 독생자의 영광이요 은혜와 진리가 충만하더라
> (요 1:14)

> 우리가 다 그의 충만한 데서 받으니 은혜 위에 은혜러라 율법은 모세로 말미암아 주어진 것이요 은혜와 진리는 예수 그리스도로 말미암아 온 것이라 본래 하나님을 본 사람이 없으되 아버지 품 속에 있는 독생하신 하나님이 나타내셨느니라 (요 1:16-18)

모든 구절마다 예수 그리스도가 주체입니다. 그분의 넘쳐 나는 충만함으로부터 우리가 생명을 받습니다. 우리가 받은 생명은 우리가 퍼 올린 우물물이 아니라 넘쳐흐르는 샘물 같은 것입니다. 그분에게서 넘쳐흘러 우리에게 온 것입니다. 예수님이 넘치도록 우리에게 주신 것입니다. 그분이 우리에게 행하신 일의 결과로 우리는 하나님을 알게 되었습니다.

> 영접하는 자 곧 그 이름을 믿는 자들에게는 하나님의 자녀가 되는 권세를 주셨으니 이는 혈통으로나 육정으로나 사람의 뜻으로 나

> 지 아니하고 오직 하나님께로부터 난 자들이니라 말씀이 육신이 되어 우리 가운데 거하시매 우리가 그의 영광을 보니 아버지의 독생자의 영광이요 은혜와 진리가 충만하더라 (요 1:12-14)

우리는 사람의 뜻으로 나지 않고 하나님으로부터 난 자들입니다. 하나님이 우리를 출생하게 하여 보게 하셨기 때문에 이제 우리의 눈이 떠졌습니다. 그래서 보게 된 것이 아버지의 독생자의 영광이요 은혜와 진리가 충만한 생명, 곧 영생이더라는 말입니다. 그래서 이를 은혜라고 하는 것입니다.

그 영광과 생명과 진리와 은혜를 보면 이런 고백이 나옵니다. "주여! 믿습니다. 그리고 진심으로 항복합니다. 주여! 예수를 믿게 해 주셔서 감사합니다. 하나님이 저로 예수를 보게 하셨듯이 더 많은 사람이 예수를 보게 하시고 예수를 알게 하여 주옵소서."

우리는 구원에 있어서 아무것도 행할 수 없고 행할 자격도 없습니다. 율법만 행할 수 없는 것이 아닙니다. 복음이 그저 제시되기만 하고 각자 알아서 선택하라고 한다면 믿는 것도 불가능할 것입니다. 복음이 복음인 것은 하나님이 우리의 한계를 뚫고 들어와 그분만의 방법으로 우리를 고쳐 놓으셨다는 사실에 있습니다. 그래서 우리가 이 자리에 있는 것입니다. 승리할 수밖에 없고 승리해야만 하는 운명에 처한 것입니다. 그 복에 초대받았다는 것을 기억하고 감사함으로 긴장하며 사십시오. 세월을 아끼고 더 많이 헌신하고 충성하십시오. 하나님이 우리에게 알게 하신 것에 합당한 열매를 맺기 바랍니다.

05

다양한 모습, 동등한 지위

35 또 이튿날 요한이 자기 제자 중 두 사람과 함께 섰다가 **36** 예수께서 거니심을 보고 말하되 보라 하나님의 어린 양이로다 **37** 두 제자가 그의 말을 듣고 예수를 따르거늘 **38** 예수께서 돌이켜 그 따르는 것을 보시고 물어 이르시되 무엇을 구하느냐 이르되 랍비여 어디 계시오니이까 하니 (랍비는 번역하면 선생이라) **39** 예수께서 이르시되 와서 보라 그러므로 그들이 가서 계신 데를 보고 그 날 함께 거하니 때가 열 시쯤 되었더라 **40** 요한의 말을 듣고 예수를 따르는 두 사람 중의 하나는 시몬 베드로의 형제 안드레라 **41** 그가 먼저 자기의 형제 시몬을 찾아 말하되 우리가 메시야를 만났다 하고 (메시야는 번역하면 그리스도라) **42** 데리고 예수께로 오니 예수께서 보시고 이르시되 네가 요한의 아들 시몬이니 장차 게바라 하리라 하시니라 (게바는 번역하면 베드로라) (요 1:35-42)

다양한 방식으로 부르시는 예수님

요한복음 1장 35절부터 51절에는 다섯 사람이 예수님의 제자가 되는 장면이 나옵니다. 먼저 세례 요한의 제자 두 사람이 예수님의 제자가 됩니다. 그중 한 사람인 안드레가 자기 형 베드로를 데리고 예수께로 오자 베드로도 예수님의 제자가 됩니다. 또 예수님은 갈릴리로 나가는 길에 빌립을 보시고 '나를 따르라' 하십니다. 그리고 부름 받은 빌립이 나다나엘에게 예수를 소개하자 그도 예수의 제자가 됩니다. 이렇게 예수님이 제자 다섯 명을 부르신 사건이 기록되어 있습니다.

예수님이 제자를 부르시는 방식은 다양합니다. 세례 요한의 두 제자처럼 스승의 말을 듣고 그리스도의 제자가 된 사람도 있고, 베드로와 나다나엘처럼 메시아를 먼저 만난 다른 제자의 인도로 제자가 된 이들도 있습니다. 또 빌립처럼 예수께서 직접 부르셔서 제자가 된 경우도 있습니다.

예수님이 제자를 부르신 사건을 보며 우리를 부르신 일도 생각해 봅시다. 예수님의 제자들처럼 우리도 다양한 방식으로 부름을 받았는데, 크게 두 가지 유형으로 나누어 볼 수 있습니다. 하나는 어려서부터 예수를 믿으며 자라 온 유형입니다. 다른 하나는 예수를 모르고 살던 중 어느 날 갑자기 예수를 믿게 된 유형입니다. 그런데 이 두 유형의 신자들이 교회 안에서 충돌하는 것을 심심찮게 볼 수 있습니다.

어느 날 갑자기 예수를 믿게 된 사람들은 대개 신앙생활에 열심을 냅니다. 그들은 믿는 바대로 행하려고 애씁니다. 한편 어려서부터 믿어 온 사람들은 믿음과 행함 사이의 간격이 넓습니다. 중간에 예수를 믿게 된 사람 쪽에서 보면 그들은 신앙생활을 기쁨이나 감격 없이 밋밋하게 하는 것 같습니다.

이 두 유형에는 우열이 있는 것이 아닌데도 신자들 사이에서는 예수를 어떻게 믿게 되었는지가 종종 시빗거리가 됩니다. 예수를 어떻게 믿게 되었는지를 서로 비교하며 누가 더 우월한 경험을 했는지 따집니다. 이들에게는 어떻게 부름을 받게 되었느냐가 중요한 논쟁거리인 것입니다.

왜 이런 논쟁을 벌일까요? 그리스도를 믿으려면 반드시 자기 안에서 인상적인 무엇이 발견되어야 한다는 생각 때문입니다. 예수를 믿게 된 각자의 경험과 감격을 자세히 묘사하는 이유가 바로 여기 있습니다. 그것으로 남들이 보기에 예수를 믿는다고 인정해 줄 만한 어떤 조건이 충족되었다고 생각하는 것입니다. 그러나 그것은 잘못된 생각입니다.

70년대에 인기 있었던 TV 프로그램 중에 〈우리들 세계〉라는 것이 있습니다. 방송사에서 학교를 방문하여 학생들과 인터뷰도 하고 토론도 하는 프로였습니다. 당시 세칭 일류 고등학교였던 곳에서 그 프로그램을 찍고 있을 때의 이야기입니다. 한 학생이 자기 어머니가 했던 이야기를 합니다. 당시는 고교 평준화 시절이라 추첨으로 고등학교에 들어가던 때였습니다. 그 학생은 제비를 잘 뽑아 당시 일류 학교로 이름을 날리던 곳에 입학하게 된 것입니다. 그러자 그 학생 어머니는 "역시 실력은 어쩔 수 없나 봐요. 실력이 좋으니 제비도 잘 뽑아 일류 고등학교에 간 것 아니겠어요?"라고 했다는 것입니다. 이 이야기를 어떻게 생각하십니까? 제비뽑기에도 실력이라는 것이 필요할까요?

이런 사고방식이 대다수의 신자에게도 있습니다. 예수님의 은혜로 구원을 얻었으면서 뭔가 남다른 실력이 있어서 구원을 얻었다고 여기는 것입니다. 은혜는 아무나 받나, 뭔가 달라야 받는 것이지, 라는 생각이 깔려 있습니다. 은혜도 어떤 조건이 갖춰져야 받을 수 있다는 것입니다. 이런 생각에 빠져 있으면, 자신이 만족시킨 조건을 증명하는 일에만 매달리게 됩니다. 자기가 구원받았을 때의 경험과 감격이 남다르다는 점을 강조합니다.

그러나 은혜는 받는 이가 조건을 갖추었기 때문에 주어지는 것이 아닙니다. 은혜가 주어지는 데 조건이 있다고 생각한다면 큰 오해입니다. 이런 오해로 예수를 어떻게 믿게 되었는지에만 집착하여 거기에 계속 머물러 있어서는 안 됩니다. 신앙생활의 초점은 오늘을 살아가는 데 있어야 합니다. 신자로서 지금 눈앞에 펼쳐진 문제들과 씨름해야 합니다. 예수를 믿은 후 지금을 어떻게 살고 있습니까? 예수를 언제 어떻게 믿게 되었고 그때 어떤 드라마와 감격이 있었는지는 크게 중요하지 않습니다. 오늘을 어떻게 사는지가 훨씬 더 중요합니다. 예수님을 믿은 후 나는 어떻게 변했는지, 얼마나 새로운 사람이 되었는지, 목표가 어떻게 변화되었는지, 이런 문제가 우리의 관심사가 되어야 합니다.

이런 것에 대해서는 잘 생각하지 않고 구원의 감격에만 집중하는 사람들이 있습니다. 그들이 제일 중요하게 여기는 것은 구원의 확신입니다. 그래서 누구를 만나든 구원의 확신이 있는지 묻습니다. 영적으로 다시 태어난 게 분명하다면 그 출생일과 장소와 그때의 상황을 기억하는 법이라며, 언제 어디서 어떻게 구원을 받았는지 제시하라고 합니다. 만약 제시하지 못하면 구원을 확신할 수 없다고 생각하기까지 합니다. 그들이 다른 신자들에게 통상 하는 질문은 이렇습니다. "당신은 구원을 얻었습니까? 어디서 어떻게 얻었습니까?" 만약 상대가 구체적으로 대답하지 못하면 구원을 얻은 것이 아니라고 단정합니다.

그런데 자기가 엄마 배 속에서 밖으로 나온 사건을 기억하는 사람이 있습니까, 자기가 어떻게 태어났는지 기억할 수 있습니까? 그런 사람은 없습니다. 주변 어른들이 말해 주어 알 뿐입니다. 흔히 우리는 말을 잘 안 듣는 아이를 보면 "너, 다리 밑에서 주워 왔다"라고 하는데 이런 말도 자신의 출생에 대해 기억하는 사람이 없기 때문에 생겨난 장난입니다. 유별난 경우를 제외하고는 대개 다섯 살 이전의 경험은 잘 기억하지 못하는 법입니다. 신자의 중생도 마찬가지입니다. 우리는 중생의 순간을 잘 기억할 수 없습니다.

잘 기억해 내지도 못하는 중생의 사건에 왜 그렇게 얽매이는 것일까요? 신자로서 내세울 것이 그 경험 말고는 아무것도 없기 때문입니다. 신자에게는 중생한 다음 성숙해지고 자라나 열매 맺는 모습이 있어야 합니다. 우리는 하나님의 은혜로 말미암아 그리스도 안에 있는 자가 되었습니다. 부름 받은 자가 되었으니 변화되어야 합니다. 출생을 확인하는 것이 문제가 아닙니다. 태어났으니 이제는 자라야 하는 것입니다. 그런데도 신자들이 항상 출생 이야기만 하는 것은 출생 이후의 삶에 관심을 두지 않기 때문입니다. 구원을 은혜가 아닌 조건을 충족시켜 받는 대가 정도로 생각하는 습관에 젖어 있기 때문입니다. 구원은 하나님이 은혜로 주신 선물인데도 말입니다.

모두에게 동일한 출발선

이 문제에 대해 성경이 말하고자 하는 바를 다시 한 번 확인해 봅시다. 요한복음 1장 12절의 "영접하는 자 곧 그 이름을 믿는 자들에게는 하나님의 자녀가 되는 권세를 주셨으니"라는 말씀은 복음의 핵심을 잘 요약하고 있습니다. 복음이 얼마나 은혜로우며 놀라운 선물인지는 이어지는 13절에서 확인할 수 있습니다. "이는 혈통으로나 육정으로나 사람의 뜻으로 나지 아니하고 오직 하나님께로부터 난 자들이니라."

13절 말씀은 예수님이 제자를 부르시는 사건에서도 그대로 적용됩니다. "또 이튿날 요한이 자기 제자 중 두 사람과 함께 섰다가 예수께서 거니심을 보고 말하되 보라 하나님의 어린 양이로다"(요

1:35-36). 요한의 이 말이 얼마나 엄청난 의미를 담고 있는지 구약의 사건을 통해 확인해 봅시다. 출애굽기 14장입니다.

> 바로가 가까이 올 때에 이스라엘 자손이 눈을 들어 본즉 애굽 사람들이 자기들 뒤에 이른지라 이스라엘 자손이 심히 두려워하여 여호와께 부르짖고 그들이 또 모세에게 이르되 애굽에 매장지가 없어서 당신이 우리를 이끌어 내어 이 광야에서 죽게 하느냐 어찌하여 당신이 우리를 애굽에서 이끌어 내어 우리에게 이같이 하느냐 우리가 애굽에서 당신에게 이른 말이 이것이 아니냐 이르기를 우리를 내버려 두라 우리가 애굽 사람을 섬길 것이라 하지 아니하더냐 애굽 사람을 섬기는 것이 광야에서 죽는 것보다 낫겠노라 모세가 백성에게 이르되 너희는 두려워하지 말고 가만히 서서 여호와께서 오늘 너희를 위하여 행하시는 구원을 보라 너희가 오늘 본 애굽 사람을 영원히 다시 보지 아니하리라 여호와께서 너희를 위하여 싸우시리니 너희는 가만히 있을지니라 (출 14:10-14)

앞은 홍해가 가로막고 뒤에는 바로의 군사들이 추격해 오고 있습니다. 진퇴유곡입니다. 이스라엘 백성들은 죽음을 피할 길이 없어 보입니다. 이렇게 어찌해야 할지 모르는 상황에서 모세가 선언합니다. "너희가 할 수 있는 것은 아무것도 없다. 가만히 서서 여호와께서 너희를 위하여 행하시는 구원을 보아라. 여호와께서 너희를 위하여 싸우시리니 너희는 가만히 있을지니라." 이것이 요한복음 1장에서 세례 요한이 자신의 두 제자에게 한 말입니다. "너희는 가만히 서서 보아라. 하나님이 너희를 구원하시기 위하여 당신의 속죄양을 보내신 것을!"

바로 이것이 예수님이 오신 사건입니다. 성자 하나님이신 예수 그리스도께서 우리의 죄 짐을 대신 지기 위하여 친히 오셨습니다. 출애굽 당시 홍해 앞에서 벌어진 일보다 더 굉장한 사건입니다. 하나님이 우리를 위해 싸우시는 것을 본 세례 요한의 증언을 이해하겠습니까? "가만히 서서 보아라. 하나님이 지금 너희를 위하여 어떻게 싸우시는가. 죄악의 사슬에 묶인 너희를 구원하시기 위하여 무슨 일을 하시는가 보아라"라고 하는 것입니다.

구원은 우리가 요청한 것이 아닙니다. 구원을 이루는 일에 우리가 부름 받아 쓰인 것도 아닙니다. 하나님은 스스로 오셨고 우리는 그렇게 오신 예수 그리스도를 보았을 뿐입니다. 우리가 도와 달라고 요청해서 오신 것이 아닙니다. 하나님은 우리를 위해 일하셨고 우리는 단지 그것을 알게 된 자에 불과합니다.

우리 중 누구도 다른 사람보다 더 낫기 때문에 부름 받지 않았습니다. 하나님을 믿는 일에 출발선은 누구에게나 동일합니다. 우리 모두는 조건이나 실력이 아닌 하나님의 크신 사랑으로 그분의 자녀가 되었습니다. 그래서 구원은 은혜인 것입니다.

부름 받은 이후의 삶

신앙의 중요한 주제는 우리가 어떻게 출발했느냐가 아닙니다. 부름 받은 사실만으로는 누가 누구보다 낫다고 할 수 없습니다. 부름 받은 사건만 보면 사도 베드로가 가룟 유다보다 나을 것이 없습니다.

그러니 신앙의 출발점이 극적이라고 해서 자랑거리로 삼거나 밋밋하다고 해서 아쉽게 여길 필요가 없습니다. 어떻게 부름 받았는지는 중요하지 않습니다. 부름 받은 이후의 삶을 어떻게 성실히 사느냐가 중요할 뿐입니다.

본문에 나온 예수님의 제자들을 보면, 안내자 세례 요한을 통해 그리스도를 발견한 사람도 있고, 그리스도를 먼저 본 사람이 권하여 그리스도를 만나게 된 사람도 있고, 예수께서 직접 부르신 사람도 있습니다. 성경은 그 다양한 부르심에 우열을 가리지 않습니다. 신자들의 생애가 그 부르심을 증명할 뿐입니다. 요한복음 20장 30절 이하를 봅시다.

> 예수께서 제자들 앞에서 이 책에 기록되지 아니한 다른 표적도 많이 행하셨으나 오직 이것을 기록함은 너희로 예수께서 하나님의 아들 그리스도이심을 믿게 하려 함이요 또 너희로 믿고 그 이름을 힘입어 생명을 얻게 하려 함이니라 (요 20:30-31)

이 말씀은 요한복음의 결론에 해당합니다. 요한복음 1장에서 맨 처음 부름 받은 사람은 세례 요한의 제자 중 두 사람이었습니다. 한 사람은 안드레였고 다른 한 사람은 이름이 나오지 않지만 여러 정황으로 볼 때 사도 요한 자신이라는 것을 알 수 있습니다. 요한복음에서 요한은 자신을 종종 '그가 사랑하시는 제자'라고만 기록하고 있습니다. 또 사도 요한은 요한복음 1장에 나온 안드레나 빌립처럼 부름 받은 것에 대한 감격을 겉으로 표현하지 않았습니다. 대신 그는 예수님을 만나 제자가 되어 살아온 것을 반추하는 것으로 그리스도를 증명하고 신자로서 자신의 생애도 증명합니다.

예수를 만나 그분을 알게 된 사건은 누구에게나 잊지 못할 감격적인 사건입니다. 계속해서 기억하고 싶은 체험입니다. 그런데 이 체험은 그 이후에 다른 삶을 시작하게 된 출발점이기 때문에 기억해야 하는 것입니다. 우리에게 돌아볼 체험이 이것밖에 없어서는 안 됩니다. 삶의 복된 출발점으로 회고되어야 하는 것이지 그것만이 우리가 관심을 가질 유일한 사건이라면 곤란합니다.

예수 그리스도를 처음 만났을 때의 사건을 유일한 간증거리로 삼아 시시때때로 명함 꺼내듯 반복하여 말하는 것은, 자신에게는 남과 다른 특별한 조건이 있다고 생각하기 때문입니다. 그 조건에 연연한 채 자기와 다른 체험을 가진 사람들, 자기보다 덜 감격스러워 하는 사람들을 의심스럽게 여깁니다. 자신에게는 구원받을 만한 조건이 있었다고 자만하기 때문에 자기처럼 감격하지 않으면 이상하게 생각하는 것입니다.

신자가 기억할 것은 오직 예수님뿐입니다. 예수 그리스도 외에는 구원의 길이 없다는 것과 하나님만이 온 천하의 주인이신 것을 인정해야 합니다. 그런데도 모태 신앙으로 자라난 사람들과 어느 날 갑자기 믿게 된 사람들은 서로 비교하느라 야단입니다. 지금 어떤 모습으로 변화되었는지에 대해서는 생각하지 않고 자꾸 출발점으로 돌아가려고만 합니다. 그러면서 상대방에게 왜 당신은 나와 다르냐며 시비합니다.

신자라면 누구나 하나님이 값없이 베푸시는 은혜로 구원을 얻어 하나님의 자녀가 된 사람들입니다. 그러니 출생 자체에 연연하거나 자신의 체험을 극적인 것으로 과대 포장해 설명하려고 하지 마십시오. 나이가 들었는데도 초등학교 때 반장해 본 것으로 자신을 내세우려고 한다면 불행한 일입니다. 현재의 삶에서 얼마나 두드러지는 것이 없기에 그 자랑 하나를 평생 우려먹겠습니까.

신자에게는 출생이 문제가 아닙니다. 출생 후에 어떻게 사는지가 중요합니다. 우리가 해야 할 싸움은 부름 받은 자로서 살아가는 노력에 대한 싸움이지 부름 받았을 때의 경험을 비교하는 싸움이 아닙니다.

신자는 모두 동일한 출발선에서 뛰기 시작합니다. 모두가 은혜를 받아 이 출발선에 선 것입니다. 이제 영광스러운 싸움에 참여하게 되었습니다. 하나님 나라에서 칭찬과 상급을 받는 일, 하나님 앞에서 영광스럽게 되는 일에 뛰어든 것입니다. 살면 살수록 신자의 영광을 맛보는 경험이 쌓일 것입니다. 그러니 다리 밑에서 주워 왔다 할지라도 고민할 필요가 없습니다. '나는 이상하게 태어났나 봐. 그래서 왠지 구원받지 못한 것 같아'라고 하면서 괴로워하지 않아도 됩니다. 우리가 힘을 다해 뛰어야 하는 이유는 구원을 얻기 위해서가 아닙니다. 열심을 품고 주를 섬기기 위한 것입니다.

성경은 권면합니다. '주께서 너희에게 주시는 영광스러운 지위를 바라보고 힘을 다하여 뛰어라. 하나님은 우리 모두에게 동일한 은혜를 주셨다. 그 구원을 누려라. 열심을 품고 주를 섬겨라.' 우리는 그런 자리에 초대받았습니다. 힘을 다하여 이 상급과 복된 자리를 누리는 인생이 되기 바랍니다.

06

하나님을 드러냄

7 예수께서 그들에게 이르시되 항아리에 물을 채우라 하신즉 아귀까지 채우니 **8** 이제는 떠서 연회장에게 갖다 주라 하시매 갖다 주었더니 **9** 연회장은 물로 된 포도주를 맛보고도 어디서 났는지 알지 못하되 물 떠온 하인들은 알더라 연회장이 신랑을 불러 **10** 말하되 사람마다 먼저 좋은 포도주를 내고 취한 후에 낮은 것을 내거늘 그대는 지금까지 좋은 포도주를 두었도다 하니라 **11** 예수께서 이 첫 표적을 갈릴리 가나에서 행하여 그의 영광을 나타내시매 제자들이 그를 믿으니라 (요 2:7-11)

예수님의 첫 번째 이적

예수님이 물로 포도주를 만드신 사건은 잘 알려져 있습니다. 그러나 이 사건의 의미를 파악하는 것은 그리 간단하지 않습니다. 예수님이 이 사건을 첫 번째 이적으로 행하셨다는 것을 염두에 둘 때 그 의미를 이해할 수 있습니다. 예수님은 여러 기적을 일으킬 수 있는 능력을 가지신 분입니다. 그런데 왜 하필 첫 번째 기적으로 술 만드는 일을 하셨을까요?

우리가 이 사건을 좀 의아하게 여기는 것은 한국 교회의 정서 때문이기도 합니다. 한국 신자들은 술, 담배 안 하는 것을 좋은 신앙을 가진 표시로 여깁니다. 믿는 사람이 공공연히 술 마시고 담배 피우면 예수를 제대로 믿는 것이 아니라고 비난하기도 합니다. 하나님을 섬기는 사람이 다른 신을 섬기는 장면을 본 것처럼 심각하게 생각합니다. 그러나 술, 담배 문제는 신앙의 본질적 문제가 아닙니다.

마음대로 술 마시고 담배 피워도 된다고 말하려는 것은 아닙니다. 이것은 절제에 속한 일이며 덕을 세우는 일과 관련 있습니다. 술, 담배의 문제가 영적 문제라고 생각하는 사람들에게 시험거리가 되지 않기 위해 신경 써야 할 문제입니다.

처음 질문으로 돌아가 봅시다. 왜 예수님은 술 만드는 것을 첫 번째 이적으로 행하셨을까요? 성경에서 술은 여러 관점에서 언급됩니다. 술 취하는 것에 대한 경고가 있지만 이것은 오히려 작은 부분입니다. 성경에서 술은 대개 기쁨과 환희를 상징합니다. 본문에서도 마찬가지입니다. 잔칫날 술이 떨어진다는 것은 유대인에게 있을 수 없는 일입니다. 그러니 예수님의 첫 번째 이적은 기쁨과 관련된 것입니다. 혼인 잔치에서 물로 포도주를 만드신 사건에는 우리에게 잔치와 기쁨을 회복하여 주신다는 뜻이 담겨 있습니다.

예수님의 때

본문의 사건에서 이해하기 어려운 대목을 살펴봅시다. 3절과 4절을 보면 예수의 어머니가 "저들에게 술이 없단다. 네가 어떻게 좀 해 주렴" 하고 말합니다. 어머니는 아들이 이 상황에서 무엇인가를 할 수 있다는 것을 알고 있었던 것입니다. 그런데 예수의 대답은 조금 뜻밖입니다. '여자여 나와 무슨 상관이 있나이까 내 때가 아직 이르지 아니하였나이다'(요 2:4). 어머니의 부탁을 거절하는 것처럼 보입니다. 그런데 이어지는 내용을 보면 예수님은 결국 이적을 행하셨습니다. 그렇다면 예수님의 대답은 거절의 뜻이 아니었을까요? 예수님의 대답은 어떤 의미였을까요?

　예수님의 대답에서 주의 깊게 살펴보아야 할 부분이 있습니다. '여자여 나와 무슨 상관이 있나이까'라는 말은 언뜻 보기에 '포도주가 떨어진 것이 나와 무슨 상관입니까?'라는 의미 같지만 원문을 참고하면 '여자여, 당신이 나와 무슨 상관이 있습니까?'라는 뜻입니다. '당신이 나와 무슨 상관이기에 나에게 이래라 저래라 하십니까?'라고 풀이해 볼 수 있습니다. 여기에 '내 때가 아직 이르지 못하였나이다'라고 덧붙여 말씀하십니다. 그리고는 이적을 행하셨습니다. 어떻게 된 것인지 도무지 이해하기 어렵습니다.

　이 부분을 이해하기 위해서는 먼저 '내 때가 아직 이르지 못하였나이다'라는 말씀의 의미를 잘 생각해 보아야 합니다. 요한복음에는 예수님이 '때'에 대해 언급하신 일이 일곱 번 등장합니다.

> 포도주가 떨어진지라 예수의 어머니가 예수에게 이르되 저들에게 포도주가 없다 하니 예수께서 이르시되 여자여 나와 무슨 상관이 있나이까 내 때가 아직 이르지 아니하였나이다 (2:3-4)

> 그들이 예수를 잡고자 하나 손을 대는 자가 없으니 이는 그의 때가 아직 이르지 아니하였음이러라 (7:30)

> 이 말씀은 성전에서 가르치실 때에 헌금함 앞에서 하셨으나 잡는 사람이 없으니 이는 그의 때가 아직 이르지 아니하였음이러라 (8:20)

예수께서 대답하여 이르시되 인자가 영광을 얻을 때가 왔도다 (12:23)

지금 내 마음이 괴로우니 무슨 말을 하리요 아버지여 나를 구원하여 이 때를 면하게 하여 주옵소서 그러나 내가 이를 위하여 이 때에 왔나이다 (12:27)

보라 너희가 다 각각 제 곳으로 흩어지고 나를 혼자 둘 때가 오나니 벌써 왔도다 그러나 내가 혼자 있는 것이 아니라 아버지께서 나와 함께 계시느니라 (16:32)

예수께서 이 말씀을 하시고 눈을 들어 하늘을 우러러 이르시되 아버지여 때가 이르렀사오니 아들을 영화롭게 하사 아들로 아버지를 영화롭게 하게 하옵소서 (17:1)

이 구절들을 읽어 보면 예수님이 말씀하시는 '때'란 예수님이 고난을 받는 때, 곧 십자가를 지시는 일이 일어나는 때를 의미합니다. 7장 30절에서는 아직 때가 이르지 않아서 예수님이 사람들에게 넘겨지지 않고 있습니다. 따라서 가나의 혼인 잔치에서 어머니에게 언급하신 '내 때'는 십자가를 지는 고난의 때를 가리키는 것입니다.

포도주 사건의 의미

물로 포도주를 만든 사건은 십자가 사건과 연결되어 있습니다. 이 점을 염두에 두고 다시 본문을 봅시다. 물로 포도주를 만들어 냈다고 해서 예수님에게 어떤 유익이 생긴 것은 아닙니다. 우리가 예수님의 행적을 살필 때 기억해야 할 것은 예수님이 일으키신 어떠한 기적도 예수님 자신의 영광을 드러내기 위한 것이 아니라는 점입니다. 물론 그 기적들은 예수님이 어떤 분인지를 증명해 줍니다. 그러나 그 기적들은 예수님이 섬김을 받으러 오신 것이 아니라 섬기기 위해 오셨고 우리 대신 죽기 위해 오셨다는 것을 증명하기 위해 사용될 뿐입니다.

죄 때문에 죽을 수밖에 없고 희망이 없는 우리를 위하여 예수님이 대속자 메시아로 오셨습니다. 성경의 모든 기적은 예수님이 우리를 위해 오셨음을 증명하는 것입니다. 그분은 어떤 기적도 자신의 명예나 영광을 드러내려고 일으키시지 않았습니다.

가나 혼인 잔치에 초대를 받으신 예수님은 물로 포도주를 만드는 기적으로 자신이 누구인지를 증명합니다. 이 사건을 고난의 때와 연관 지어 이 일이 십자가를 지는 길로 이어지고 있음을 말씀하고 있습니다. 가나 혼인 잔치의 기적은 영광과 갈채가 쏟아지는 길이 아니라 죽음과 고통으로 이어지는 길에 들어서는 시작을 의미합니다. 예수님은 우리가 이 깊은 의미를 이해하기 바라셔서 다음과 같이 말씀하십니다. '여자여 당신이 나와 무슨 상관이 있나이까.'

잔칫집에 포도주가 떨어졌다는 말에 대한 예수님의 답은 "나는 나의 영광을 드러내어 나 자신을 증명하려고 여기에 와 있는 것이 아닙니다. 나는 십자가를 지기 위해 왔습니다. 병든 사람이나 고쳐 주고, 귀신이나 쫓아 주고, 주린 사람의 배나 채워 주기 위해 온 것이 아닙니다. 나는 죽어 마땅한 모든 인류를 하나님과 화해시키기 위해 왔습니다. 그러니 나에게 무엇인가를 요구하려면 그런 차원의 것을 요구하십시오. 여자여, 당신의 요구는 골칫거리 하나 해결해 달라는 것밖에는 안 됩니다. 당신의 요구는 틀렸습니다. 내 때가 아직 이르지 아니하였습니다. 나는 포도주나 만들어서 나의 영광을 드러내려고 여기 오지 않았습니다."

그러나 예수님은 결국 포도주를 만드셨습니다. 거절하는 듯한 어조로 대답하시고 기적은 왜 베푸셨을까요? 그 행동은 "포도주가 떨어졌다고요? 그럼 제가 만들어 드리지요" 하고 답할 때나 행했을 법한 일입니다. 그런데 예수님은 어머니의 말에 "네, 알았습니다" 하고 포도주를 만들지 않았습니다.

포도주를 만든 일에 담긴 의미가 여기에서 새롭게 드러납니다. 어머니의 시각과 예수님의 시각에 차이가 있다는 점을 드러내어 이 기적의 의미를 밝히신 것입니다. 예수님이 하신 답변의 의미를 알고 난 후 예수님의 어머니는 새로운 눈으로 기적을 대하게 되었을 것입니다. 처음 기적을 바랐던 시각에 머물 수 없었을 것입니다.

예수님은 가나 혼인 잔치에서 물로 포도주를 만드신 기적으로 자신의 영광이 아니라 하나님의 영광을 나타내셨습니다. 예수님은 우리의 죄를 대속하러 오셨고 우리의 영혼에 복을 주려고 오셨으며 우리를 하나님과 화해시켜 천국 잔치에 들어가게 하려고 오셨기 때문에 십자가를 지셨습니다. 그러므로 예수께서 행하신 첫 번째 이적인 물로 포도주를 만드신 사건은 하나님과 우리의 관계가 회복되는 일의 시작을 기념하는 잔치인 동시에 예수님 편에서는 십자가를 지는 고난의 가시밭길을 내딛는 첫걸음을 알리는 일입니다.

기적의 참뜻

사람이 신앙을 가지면 두 가지 일을 겪게 됩니다. 하나는 하나님 앞에 항복하는 일입니다. 우리가 마음으로 하나님 앞에 항복할 때 하나님을 인정하고 예수 그리스도를 믿게 됩니다. 다른 하나는 하나님의 자녀로 사는 일입니다. 하나님의 자녀로 사는 삶은 세상에서 이야기하는 행복과 평안을 더 이상 필요로 하지 않는 삶입니다. 오히려 그 삶은 십자가로 나아가는 자리입니다.

신자에게 나타나는 기적이나 놀라운 일들은 우리 자신을 증명하여 남 앞에서 훌륭한 신앙인으로 보이기 위해서 허락되는 것이 아닙니다. 예수님이 보이신 모든 기적은 남을 위한 것이었습니다. 예수님은 자신을 증명하기 위해 기적을 사용하시지 않았습니다. 그러니 신자 또한 자신의 영광을 증명하기 위해 복을 구할 수 없습니다.

예수님은 가나 혼인 잔치 이후에도 계속 기적을 일으키십니다. 죽은 나사로를 일으키셨고, 바다 위를 걸으셨고, 오병이어로 오천 명을 먹이고 열두 광주리가 남게 하셨습니다. 우리는 이런 기적들을 익히 들어 잘 알고 있습니다. 이 기적들에 담긴 의미는 무엇일까요? 그 의미를 알기 위해 예수님이 시험받으신 사건을 생각해 봅시다.

예수님은 세례를 받으신 후에 광야에서 마귀에게 시험을 받으셨습니다. 마귀가 다가와 '네가 만일 하나님의 아들이어든 명하여 이 돌들로 떡덩이가 되게 하라'(마 4:3)라며 예수를 시험합니다. 예수님은 '사람이 떡으로만 살 것이 아니요 하나님의 입으로부터 나오는 모든 말씀으로 살 것이라'(마 4:4)라고 신명기 8장의 말씀을 인용하여 답하셨습니다. 여기서는 돌을 떡으로 만들라는 마귀의 시험을 거부하셨지만 나중에는 오병이어의 기적을 일으키십니다.

마찬가지로 마귀가 성전 꼭대기에 예수님을 올려놓고 뛰어내리라며 '하나님이 너를 위하여 그 사자들을 명하사 너를 지키게 하시리라'(눅 4:10)라고 구약성경에서 하나님이 하신 말을 인용했을 때, 예수님은 '주 너의 하나님을 시험하지 말라'(눅 4:12)라고 답하셨습니다. 그러나 나중에 예수님이 바다 위를 걸으신 사건을 우리는 잘 알고 있습니다.

예수님은 마귀가 시험할 때 그의 요구를 거절하셨습니다. 하지만 나중에는 마귀가 요구했던 것보다 훨씬 더 엄청난 일들을 행하셨습니다. 왜 예수님은 마귀가 요구한 기적에는 응하시지 않고 나중에서야 더 큰 기적을 일으키셨을까요? 둘 사이에 어떤 차이가 있을까요? 마귀가 요구했던 것들은 전부 예수님 자신을 증명하는 데 쓰이는 것들이었고 나중에 예수님이 일으키신 사건들은 사람들을 위한 것이었습니다.

예수님은 자신을 증명하기 위해 세상에 오시지 않았습니다. 사람들을 위해 오셨습니다. 오병이어의 기적을 일으키신 것은 사람들에게 생명의 떡을 먹이시기 위해서였습니다. 병든 사람을 고치신 것은 예수님 자신의 능력을 증명하기 위해서가 아닙니다. 죄 아래 신음하며 병마에 시달리는 인생을 치유하여 자유를 주시기 위함이었습니다. 이 기적들은 예수님 자신의 영광을 드러내고 예수님 자신을 치장하기 위한 것이 아니었습니다.

사람들은 예수님이 가나 혼인 잔치에서 일으키신 기적을 보았습니다. 이후에도 사람들은 계속 기적을 경험하지만 예수님이 행하시는 기적의 의미는 깨닫지 못합니다. 오히려 사람들은 예수님을 오해합니다. 누가복음 12장 13절 이하에 그런 모습이 잘 드러나 있습니다.

> 무리 중에 한 사람이 이르되 선생님 내 형을 명하여 유산을 나와 나누게 하소서 하니 이르시되 이 사람아 누가 나를 너희의 재판장이나 물건 나누는 자로 세웠느냐 하시고 (눅 12:13-14)

어떤 사람이 예수님에게 나아와 "선생님, 우리 형이 아버지 유산을 몽땅 탕진하고도 오리발을 내밀고 있습니다. 어떻게 좀 해 주십시오"라고 간청합니다. 이 사람은 예수님을 단순히 자신의 현실적 필요를 해결해 주시는 분 정도로만 생각하고 있습니다. 예수님은 이런 요청에 응하시지 않습니다.

예수님이 그토록 많은 기적을 일으키신 목적이 무엇이었는지 여기서 알 수 있습니다. 예수님은 우리가 중요하게 생각하는 문제를 해결해 주시려고 기적을 행하시지 않습니다. 예수님이 기적을 베푸신 목적은 우리가 누구인지, 예수님이 세상에 오실 수밖에 없었던 이유가 무엇인지 확인시켜 주는 데 있습니다. 그런데 사람들은 예수님이 일으키신 기적들을 그런 차원에서 이해하지 못했습니다. 과연 우리는 어떨까요? 이들과 다를까요?

우리는 예수님을 생명과 진리라는 궁극적 목표로 바라보지 못하고 나의 욕망을 채우기 위한 수단으로 생각할 때가 많습니다. 예수님이 세상에 계실 때 그를 좇던 사람들은 수없이 많았습니다. 그러나 그가 십자가에 달리자 모두 도망가 버렸습니다. 왜 예수님을 끝까지 좇는 자가 없었을까요? 마태복음 16장을 봅시다.

"시몬 베드로가 대답하여 이르되 주는 그리스도시요 살아 계신 하나님의 아들이시니이다"(마 16:16). 베드로의 아주 유명한 고백입니다. 예수님은 이 고백을 듣고 베드로를 크게 칭찬하신 후 곧이어 자신이 예루살렘에 올라가 장로들과 대제사장들과 서기관들에게 많은 고난을 받고 죽임을 당하고 제삼일에 살아날 것을 말씀하십니다.

이 말씀을 듣고 베드로는 예수님을 붙들고 대듭니다. "주여, 그리 마옵소서 이 일이 결코 주께 미치지 아니하리이다." 그때 주님은 "사탄아 내 뒤로 물러 가라 너는 나를 넘어지게 하는 자로다 네가 하나님의 일을 생각하지 아니하고 도리어 사람의 일을 생각하는도다"(마 16:23)라고 꾸짖으십니다. 꼭 새겨 두어야 할 말씀입니다.

우리는 하나님의 일에 대해서는 생각하지 못하는 백성들입니다. 사람의 일밖에 생각할 수 없습니다. 예수 그리스도가 누구신지 이미 알고도 그가 무엇을 하러 오셨는지 깨닫지 못하는 베드로를 보십시오. 우리가 베드로보다 나을 것이라고 생각하십니까? 우리가 하나님을 부르고 예수 그리스도를 찾는 이유가 무엇인지 생각해 보십시오. 우리가 하는 그 많은 기도는 무엇을 위한 것입니까? 자신을 증명하고 싶은 마음에 하는 것은 아닙니까?

예수 그리스도가 걸으신 길이야말로 하나님이 가장 기뻐하신 길이었습니다. 그 길은 지고 망하고 죽는 길이었습니다. 하지만 그 길이야말로 하나님에게 영광을 돌리는 길이며 예수 그리스도께도 영광스러운 길이라고 성경은 증언합니다. 신자가 되었다고 항복한 순간부터는 신자에게 일어나는 어떤 사건이나 기적도 자기를 위한 것이 없습니다. 신자는 자기를 위하여 사는 자가 아닙니다.

기적을 원하십니까? 우리는 우리의 필요를 그분께 아뢸 수 있습니다. 하나님은 우리의 연약한 점을 돌아보시는 분이기 때문입니다. 그러나 그것만을 신앙의 전부로 여기면 안 됩니다.

하나님은 좋은 분이고 우리를 사랑하시는 분입니다. 그러나 하나님이 무엇을 원하시는지, 우리가 무엇을 중요하게 생각하기 바라시는지 먼저 알아야 합니다. 예수 그리스도께서 걸어가신 길은 영광의 길이 아니라 고난의 길이었습니다. 그처럼 신자는 모두 하나님 앞에 부름 받는 순간부터 고난의 길을 걸어야 한다는 사실을 기억해야 합니다. 주님은 우리에게 자신을 따라오려거든 스스로를 부인하고 날마다 십자가를 지고 따르라(눅 9:23)고 말씀하고 있습니다.

신자가 걸어가야 할 길

예수께로 돌아오게 하는 기적은 오늘날에도 많습니다. 생각지 못한 놀라운 일들을 경험하며 예수님을 만나게 되는 기적은 지금도 많이 일어나고 있습니다. 그러나 돌아온 자가 하나님의 일을 하면서 어떻게 변화되어 새사람이 되었는지에 대한 기적은 찾아보기가 힘듭니다.

저 사람은 어떻게 저렇게 겸손해질 수 있는가, 어떻게 저렇게 짓밟히고도 늠름하게 살 수 있는가 하는 생각으로 우리를 놀라게 하는 기적은 거의 없습니다. 하나님의 자녀가 되었기 때문에 나를 죽여 십자가를 지고 하나님에게 복종하는 길을 걸으며 예수 그리스도께서 나를 불러 이루시고자 하는 일을 깨닫고 즐거워하며 그것을 위해 나의 명예와 건강과 부와 자존심을 묻어 버리는 기적은 찾아보기 힘듭니다. 반대로 세상에서 갈채를 보내는 기적에만 모두가 현혹되어 있습니다. 이것은 비극입니다.

예수님은 우리에게 놀라운 복을 허락하셨습니다. 소망 없던 우리의 영혼이 거듭나 하나님과 교제하며 매일 잔치를 즐기는 것 같은 감격과 기쁨 속에 보람된 생애를 살게 하셨습니다. 그러니 우리의 항복은 어쩔 수 없이 하는 투항이 아닙니다. 우리의 순종은 마지못해서 하는 굴복이 아닙니다. 신자가 하나님의 뜻을 따라 사는 것은 그분의 놀라운 사역에 동참하여 그분의 동역자가 되는 것입니다.

알렉산더나 나폴레옹이나 패튼처럼 역사에 길이 남을 뛰어난 장군들은 훈장을 수여하며 약탈품을 나눠 주는 것으로 부하들의 노고를 치하하지 않았습니다. 다만 병사들에게 이렇게 말했습니다. "자네들은 고향에 돌아갔을 때 그동안의 용맹함을 나타내기 위해 무언가를 보여 주려고 할 필요가 없네. 그저 '나는 나폴레옹과 함께 전쟁터에 있었노라' 이 말 한마디면 되네." 이것이야말로 병사들에게 무한한 영광이요 자랑인 것입니다. 죽음을 두려워하지 않은 대가로 얻은 보람입니다.

알렉산더를 좇고 나폴레옹을 좇고 패튼을 좇던 사람들에게도 보람이 있었다면, 온 천하를 만드신 하나님이 우리를 불러 하나님 나라의 일에 참여하게 하신 것은 더할 나위 없는 영광일 것입니다. 그러므로 신자이기에 매일 일어나는 싸움은 회피할 것이 아닙니다. 그것은 우리의 영광입니다. 군복은 옷걸이에 걸린 채 번쩍거릴 때에 자랑스러운 것이 아닙니다. 찢기고 피투성이가 됐을 때 가장 명예로운 것입니다.

우리의 삶은 너무 평탄합니다. 우리에게는 싸움도 없고 갈등도 없습니다. 목숨을 부지할 수 없을 만큼 위험해서 두려움 속에 내일을 바라보는 절박한 상황도 없습니다. 이런 우리의 모습에 평안하다고 안도할 것이 아니라 심각성을 깨달아야 합니다.

예수님이 가나 혼인 잔치에서 일으키신 기적으로 십자가를 향한 여정의 첫걸음을 내딛으신 것처럼 우리도 우리가 겪은 신앙의 첫 체험을 십자가의 길로 연결해야 합니다. 우리가 경험한 기적은 십자가로 나아가는 첫걸음이 되어야 합니다. 그래야 우리 생애가 참다운 기적으로 연결됩니다.

끝없이 지면서도 더욱 늠름하고 넉넉하게 살아가는 우리의 모습을 통해 이웃과 친척과 친구들이 살아 계신 하나님을 보는 기적이 일어날 것입니다. 우리는 그런 삶을 살도록 부름 받았습니다. 우리 모두는 더 나아갈 길이 있습니다. 예수님은 어머니 마리아의 기대보다 더 나아가셨습니다. 우리가 마리아의 자리에만 그대로 머문다면 예수님은 우리에게도 '너희가 나와 무슨 상관이 있느냐'라고 말씀하실 것입니다.

주의 은혜로 가나 혼인 잔치에 초대받은 것을 참으로 환영합니다. 주를 알게 된 것과 주 안에서 영원한 나라의 시민권을 얻은 사실을 축하합니다. 그러나 이런 자랑스러운 신분의 명예를 알지 못하면 너무나 비참해집니다.

　이제부터라도 남은 생애에는 예수님이 가나 혼인 잔치에서 첫걸음을 내딛으신 심정을 헤아리면서 주가 기뻐하시는 길을 헌신과 순종으로 걷겠다고 결심하며 살아가기 바랍니다.

07

외식을 제하라

13 유대인의 유월절이 가까운지라 예수께서 예루살렘으로 올라가셨더니 **14** 성전 안에서 소와 양과 비둘기 파는 사람들과 돈 바꾸는 사람들이 앉아 있는 것을 보시고 **15** 노끈으로 채찍을 만드사 양이나 소를 다 성전에서 내쫓으시고 돈 바꾸는 사람들의 돈을 쏟으시며 상을 엎으시고 **16** 비둘기 파는 사람들에게 이르시되 이것을 여기서 가져가라 내 아버지의 집으로 장사하는 집을 만들지 말라 하시니 **17** 제자들이 성경 말씀에 주의 전을 사모하는 열심이 나를 삼키리라 한 것을 기억하더라 **18** 이에 유대인들이 대답하여 예수께 말하기를 네가 이런 일을 행하니 무슨 표적을 우리에게 보이겠느냐 **19** 예수께서 대답하여 이르시되 너희가 이 성전을 헐라 내가 사흘 동안에 일으키리라 **20** 유대인들이 이르되 이 성전은 사십육 년 동안에 지었거늘 네가 삼 일 동안에 일으키겠느냐 하더라 **21** 그러나 예수는 성전된 자기 육체를 가리켜 말씀하신 것이라 **22** 죽은 자 가운데서 살아나신 후에야 제자들이 이 말씀하신 것을 기억하고 성경과 예수께서 하신 말씀을 믿었더라 (요 2:13-22)

성전에 대한 하나님의 경고

본문에는 예수님이 성전을 정결하게 하신 사건이 나옵니다. 예수님은 사람들이 제물로 팔기 위해 데려온 양과 소를 내쫓으시고 환전을 위해 놓아둔 돈을 쏟으시고 상도 엎으셨습니다. 그렇게 하신 후 '내 아버지의 집으로 장사하는 집을 만들지 말라'라고 말씀하십니다. 이 말씀을 잘 이해하기 위해 같은 사건을 기록하고 있는 마태복음 21장을 함께 살펴봅시다.

> 예수께서 성전에 들어가사 성전 안에서 매매하는 모든 사람들을 내쫓으시며 돈 바꾸는 사람들의 상과 비둘기 파는 사람들의 의자를 둘러 엎으시고 그들에게 이르시되 기록된 바 내 집은 기도하는 집이라 일컬음을 받으리라 하였거늘 너희는 강도의 소굴을 만드는도다 하시니라 (마 21:12-13)

여기서 주의 깊게 볼 부분은 '기록된 바 내 집은 기도하는 집이라 일컬음을 받으리라 하였거늘 너희는 강도의 소굴을 만드는도다'라고 하신 예수님의 말씀입니다. '기록된 바'라는 말에서 보듯 예수님은 구약 말씀을 인용하고 계십니다. 이 말씀을 통해 성전을 깨끗하게 하는 일이 예전에도 있었음을 알 수 있습니다. 그러니 본문을 제대로 이해하려면 성전을 정결하게 했던 구약의 사건에 대해 잘 살펴보아야 합니다. 역대하 34장을 봅시다.

> 요시야가 왕위에 오를 때에 나이가 팔 세라 예루살렘에서 삼십일 년 동안 다스리며 여호와 보시기에 정직하게 행하여 그의 조상 다윗의 길로 걸으며 좌우로 치우치지 아니하고 아직도 어렸을 때 곧 왕위에 있은 지 팔 년에 그의 조상 다윗의 하나님을 비로소 찾고 제십이년에 유다와 예루살렘을 비로소 정결하게 하여 그 산당들과 아세라 목상들과 아로새긴 우상들과 부어 만든 우상들을 제거하여 버리매 무리가 왕 앞에서 바알의 제단들을 헐었으며 왕이 또 그 제단 위에 높이 달린 태양상들을 찍고 또 아세라 목상들과 아로새긴 우상들과 부어 만든 우상들을 빻아 가루를 만들어 제사하던 자들의 무덤에 뿌리고 (대하 34:1-4)

요시야는 남 왕국 유다 말기의 왕입니다. 그는 유다 백성들을 회개하게 하는 종교 개혁을 일으켜 아주 큰 업적을 남긴 왕입니다. 역대하 34장 1절부터 7절에는 그가 우상들을 어떻게 제거해 버렸는지 나옵니다. 8절부터 14절에는 성전을 수리한 기록이 나오는데, 성전에서 궤에 보관된 돈을 꺼내다가 여호와의 율법책을 발견하게 됩니다. 요시야 왕은 이 율법책을 읽고 더 깊이 회개하고 책에 적힌 대로 하나님에게 순종하기로 결심합니다. 이어지는 35장까지는 요시야 왕의 모범적인 신앙이 기록되어 있습니다. 요시야 왕은 하나님의 뜻대로 성전을 정결하게 하려고 노력했습니다.

성전과 관련해서 예레미야 7장에도 주목할 만한 내용이 있습니다. 예레미야는 요시야 왕 때부터 선지자 사역을 하던 사람입니다. 그러니 그가 활동한 당시는 이스라엘 역사에 다시없는 신앙의 갱생이 있던 때입니다. 성전에서의 제사도 전에 없이 율법의 가르침에 따라 진심으로 거행되었을 것입니다. 모두가 죄짓는 생활을 청산하고 진심 어린 마음으로 성전에 모여 여호와의 절기를 지켰습니다. 그런 때에 하나님은 예레미야를 성전 문에 서게 하시고 경고의 말을 전하게 하십니다. 예레미야 7장을 봅시다.

> 여호와께로부터 예레미야에게 말씀이 임하니라 이르시되 너는 여호와의 집 문에 서서 이 말을 선포하여 이르기를 여호와께 예배하러 이 문으로 들어가는 유다 사람들아 여호와의 말씀을 들으라 만군의 여호와 이스라엘의 하나님께서 이와 같이 말씀하시되 너희 길과 행위를 바르게 하라 그리하면 내가 너희로 이 곳에 살게 하리라 너희는 이것이 여호와의 성전이라, 여호와의 성전이라, 여호와의 성전이라 하는 거짓말을 믿지 말라 (렘 7:1-4)

이 말씀이 선포되는 상황을 상상해 봅시다. 요시야 왕은 선두에 서서 종교 개혁을 단행하여 백성들을 회개하게 하고 그들이 전심으로 주를 따르게 하였습니다. 우상을 없애는 대부흥운동이 일어난 것입니다. 역대하 34장 12절을 보면 성전을 수리하는 사람들은 진심으로 그 일을 했다고 기록하고 있습니다. 35장 10절에도 "이와 같이 섬길 일이 구비되매 왕의 명령을 따라 제사장들은 그들의 처소에 서고 레위 사람들은 그들의 반열대로 서고"라고 나와 있습니다. 자기 처소에 서 있다는 것은 기강이 잘 잡히고 규율이 엄정하여 각자가 맡은 일을 제대로 했다는 말입니다. 또 15절에는 '아삽의 자손 노래하는 자들은 다윗과 아삽과 헤만과 왕의 선견자 여두둔이 명령한 대로 자기 처소에 있고 문지기들은 각 문에 있고 그 직무에서 떠날 것이 없었'다고 나와 있습니다. 지금으로 말하면 예배 시간에 성가대원들은 가운을 입고 성가대석에 잘 앉아 있고 안내하는 사람들은 안내석에 제대로 서 있다는 말입니다. 이상적인 예배 모습입니다.

역대하 35장 18절에서는 '선지자 사무엘 이후로 이스라엘 가운데서 유월절을 이같이 지키지 못하였고'라고 합니다. 사무엘 이후로 유월절을 이처럼 제대로 지켜 본 적이 없다고 할 만큼 잘 지켰다는 뜻입니다. 요시야 왕을 비롯한 온 백성이 얼마나 큰 감격과 희열을 느꼈을까요? 그런데도 하나님은 얼마 지나지 않아서 예레미야 선지자를 문 앞에 세우신 후 말씀을 전하게 하셨습니다. "너희는 이것이 여호와의 성전이라고 하는 거짓말을 믿지 말라"라는 말씀입니다. 하나님이 경고를 하시다니 어찌된 영문인지 이해하기 어렵습니다. 예레미야 7장 말씀을 계속 이어 봅시다.

너희가 만일 길과 행위를 참으로 바르게 하여 이웃들 사이에 정의를 행하며 이방인과 고아와 과부를 압제하지 아니하며 무죄한 자의 피를 이 곳에서 흘리지 아니하며 다른 신들 뒤를 따라 화를 자초하지 아니하면 내가 너희를 이 곳에 살게 하리니 곧 너희 조상에게 영원무궁토록 준 땅에니라 보라 너희가 무익한 거짓말을 의존하는도다 너희가 도둑질하며 살인하며 간음하며 거짓 맹세하며 바알에게 분향하며 너희가 알지 못하는 다른 신들을 따르면서 내 이름으로 일컬음을 받는 이 집에 들어와서 내 앞에 서서 말하기를 우리가 구원을 얻었나이다 하느냐 이는 이 모든 가증한 일을 행하려 함이로다 내 이름으로 일컬음을 받는 이 집이 너희 눈에는 도둑의 소굴로 보이느냐 보라 나 곧 내가 그것을 보았노라 여호와의 말씀이니라 (렘 7:5-11)

예수님이 성전을 정결하게 하시면서 인용하신 구절이 여기 나옵니다. '내 이름으로 일컬음을 받는 이 집이 너희 눈에는 도둑의 소굴로 보이느냐'(11절). 기껏 성전을 수리하고 성심껏 모여드는 성도들을 향하여 하나님은 왜 '너희가 내 집을 도적의 소굴로 만들었다'라고 하셨을까요? 예레미야 말씀을 다시 살펴봅시다. 7장 4절에서 "너희는 이것이 여호와의 성전이라, 여호와의 성전이라, 여호와의 성전이라 하는 거짓말을 믿지 말라"라고 하십니다. 그리고 이어서 길과 행위를 바르게 하라, 이웃들 사이에 정의를 행하라, 어려운 자들을 억압하지 마라, 죄 없는 자를 죽이지 마라, 다른 신들을 섬기지 말라고 하십니다.

이렇게 행하지 않으면 여호와의 성전에 매달려 있어도 아무 의미가 없다는 뜻입니다. 좀 더 정확히 이해하기 위해 8절을 봅시다. '너희가 무익한 거짓말을 의존하는도다.' 여기서 '거짓말'은 4절에 나온 '거짓말'입니다. '이것이 여호와의 성전이라'라고 하는 거짓말을 가리킵니다. 왜 그 말이 거짓말일까요? 도둑질하며 살인하며 거짓 맹세하며 바알에게 분향하며 알지 못하는 다른 신들을 따랐으면서 하나님의 이름으로 일컫는 성전에 마음 편히 들어오기 때문입니다. 그러면서도 어떻게 '우리가 구원을 얻었나이다'(10절)라고 할 수 있느냐는 것입니다. 하나님이 기뻐하시지 않는 일들을 실컷 하고 여호와의 전에 들어와 제사를 지내기만 하면 구원 얻는다고 할 수 있을까요? 그럴 수 없다는 뜻입니다.

그래서 여호와의 성전이 도적의 소굴이 되었다는 결론에 이릅니다. '이것이 여호와의 성전이라, 여호와의 성전이라, 여호와의 성전이라'라고 아무리 말해도 거짓말일 뿐입니다. 곧 도적질하는 것이라고 합니다. 왜 도적질이라고 표현하는 것일까요? 하나님 앞에 드려야 할 예배가 그분께 바쳐지지 못하기 때문입니다. 하나님을 섬겨야 하는 곳이 자신들의 욕망을 섬기는 곳으로 바뀌었습니다.

하나님 앞에 나와서 제사를 드린다는 것은 하나님을 주인으로 모시는 것을 뜻합니다. 하나님의 명령을 준행하며 하나님이 하라는 것을 하며 하나님이 하지 말라는 것은 안 하고 하나님이 기뻐하시는 것을 나의 기쁨으로 삼고 하나님이 싫어하시는 것은 나도 싫어하겠다고 결심하는 것이 하나님을 믿는 사람의 자세입니다. 이것이 올바른 신앙의 모습입니다. 예레미야 7장을 계속 이어서 봅시다.

> 만군의 여호와 이스라엘의 하나님께서 이와 같이 말씀하시되 너희 희생제물과 번제물의 고기를 아울러 먹으라 사실은 내가 너희 조상들을 애굽 땅에서 인도하여 낸 날에 번제나 희생에 대하여 말

하지 아니하며 명령하지 아니하고 오직 내가 이것을 그들에게 명령하여 이르기를 너희는 내 목소리를 들으라 그리하면 나는 너희 하나님이 되겠고 너희는 내 백성이 되리라 너희는 내가 명령한 모든 길로 걸어가라 그리하면 복을 받으리라 하였으나 (렘 7:21-23)

너희가 바친 제물은 너희나 먹어라, 너희는 나에게 고기를 바치는 것으로 할 바를 다했다고 한다, 그러면서 내가 하지 말라고 한 것은 다하고 있다, 고기는 필요 없으니 내 말이나 잘 들어라, 하시는 말씀입니다. 돌아서서 딴짓 할 바에 제사가 무슨 소용이냐는 말씀입니다. 이스라엘 백성들은 희생 제물을 바친 것으로 자기 할 일 다했다며 딴짓을 했습니다. 그러자 하나님은 내가 너희를 애굽에서 꺼내올 때 말을 잘 들으라고 했지 제물을 바치라고 했냐며 책망하십니다.

10절을 보면, 백성들은 여호와의 전에 들어와 제사를 지낸 것으로 구원을 얻었다며 안도합니다. 그러나 하나님은 '이는 이 모든 가증한 일을 행하려 함이로다' 하고 무섭게 꾸짖으십니다. 너희 하고 싶은 대로 다하면서 제물 바치는 것으로 눈가림할 수 있다고 생각하느냐, 내가 그런 너희를 그대로 놔둘 것 같으냐, 하는 경고입니다. 하나님은 절대 속지 않으십니다. 우리가 속일 수 없는 분입니다.

우리가 헐어 버려야 할 성전

본문 내용은 우리 현실에도 그대로 적용됩니다. 교회의 직분을 생각해 봅시다. 교회의 직분은 봉사의 직책입니다. 그런데 흔히 이 직분을 권위의 상징으로 오해합니다. 어떤 교회에서는 직분을 사고 팔기도 합니다. 장로가 되려면 기백만 원에서 기천만 원을 내야 하는 교회가 있습니다. 그런 교회에서는 장로를 뽑을 때 영적 지도자가 아니라 교회가 필요로 하는 거액을 내놓을 수 있는 사람들을 뽑게 되는 것입니다. 그러고는 공동의회를 할 때면 목사가 교인들에게 설명합니다. "공동의회란 목사님과 장로님들의 결정을 통과시켜 주는 곳입니다." 만일 공동의회가 그런 곳이라면 무슨 필요가 있을까요? 그런 교회가 도적의 소굴이 아니고 무엇이겠습니까?

이스라엘 백성들이 말한 '이것이 여호와의 성전이라'라는 말은 지금도 듣는 말입니다. 우리는 교회를 흔히 성전으로 인식하여 신성한 지역으로 구별합니다. 그래서 교회 안에 들어가면 안심이 되고 거룩해진다고 생각합니다. 그러나 교회 건물은 성전이 아닙니다. 예배당이나 예배드리는 건물 그 자체가 신성한 곳은 아닙니다. 건물 자체가 교회일 수는 없기 때문입니다. 이처럼 본문 내용이 우리 현실에서도 그대로 적용되는 것입니다.

교회 안에서 일어나야 마땅한 일은 일어나지 않고 쓸데없는 문제가 발생하고 있습니다. 이런 모습은 우리가 하나님을 최우선으로 삼지 않았기 때문에 생겨나는 부작용입니다. 그러고 보면 우리는 교회가 무엇인지도 모른 채 교회에 모여 상거래를 하고 있는 도둑이라고 할 수 있습니다. 이스라엘 사람들처럼 말입니다. 교회에서는 성도들이 서로를 통해 조금이라도 더 하나님을 인식하고 서로의 신앙생활에 유익이 되어야 합니다. 그런데 유익은커녕 점점 손해만 보는 것 같습니다.

하나님이 기뻐하시는 것 외에 우리가 관심을 기울일 것은 없습니다. 그런데 우리는 이 당연한 일을 행하지 않고 있습니다. 오죽하면 예수님이 성전을 헐자고 하시겠습니까. 성전을 헐자는 이야기는 요한복음 2장에만 나오는 것이 아닙니다. 말라기 1장을 봅시다.

> 내 이름을 멸시하는 제사장들아 나 만군의 여호와가 너희에게 이르기를 아들은 그 아버지를, 종은 그 주인을 공경하나니 내가 아버지일진대 나를 공경함이 어디 있느냐 내가 주인일진대 나를 두려워함이 어디 있느냐 하나 너희는 이르기를 우리가 어떻게 주의 이름을 멸시하였나이까 하는도다 너희가 더러운 떡을 나의 제단에 드리고도 말하기를 우리가 어떻게 주를 더럽게 하였나이까 하는도다 이는 너희가 여호와의 식탁은 경멸히 여길 것이라 말하기 때문이라 만군의 여호와가 이르노라 너희가 눈 먼 희생제물을 바치는 것이 어찌 악하지 아니하며 저는 것, 병든 것을 드리는 것이 어찌 악하지 아니하냐 이제 그것을 너희 총독에게 드려 보라 그가 너를 기뻐하겠으며 너를 받아 주겠느냐 만군의 여호와가 이르노라 너희는 나 하나님께 은혜를 구하면서 우리를 불쌍히 여기소서 하여 보라 너희가 이같이 행하였으니 내가 너희 중 하나인들 받겠느냐 만군의 여호와가 이르노라 너희가 내 제단 위에 헛되이 불사르지 못하게 하기 위하여 너희 중에 성전 문을 닫을 자가 있었으면 좋겠도다 내가 너희를 기뻐하지 아니하며 너희가 손으로 드리는 것을 받지도 아니하리라 (말 1:6-10)

구약시대부터 현재까지 하나님은 우리로 인해 모독을 당하셨습니다. 하나님의 이름을 들먹이고 예수 그리스도의 이름을 부르는 곳에서 그런 일이 더 많이 벌어집니다. 하나님의 이름이 불리는 곳에서 사람들은 사기꾼이나 모리배같이 자기 이익과 탐욕을 채우기 위한 싸움만 하고 있습니다. 하나님의 말씀이 권위 있게 선포되지 않고 오히려 하나님이 모욕을 당하시는 것 같은 일들이 교회 안에서 벌어집니다. 다시 예레미야 말씀으로 돌아가 봅시다.

> 그런즉 너는 이 백성을 위하여 기도하지 말라 그들을 위하여 부르짖어 구하지 말라 내게 간구하지 말라 내가 네게서 듣지 아니하리라 너는 그들이 유다 성읍들과 예루살렘 거리에서 행하는 일을 보지 못하느냐 자식들은 나무를 줍고 아버지들은 불을 피우며 부녀들은 가루를 반죽하여 하늘의 여왕을 위하여 과자를 만들며 그들이 또 다른 신들에게 전제를 부음으로 나의 노를 일으키느니라
> (렘 7:16–18)

예레미야의 경고를 받았던 유다 백성들을 보십시오. 자식들은 나무를 줍고 아버지들은 불을 피우고 부녀들은 가루를 반죽하여 우상을 섬기기 위한 과자를 만들고 있습니다. 지금 우리의 모습과 크게 다르지 않습니다.

우리가 세워야 할 성전

하나님을 두려워하고 하나님 말씀대로 살기를 결심했습니까? 그러면 무엇을 가장 소중히 여기며 무엇을 위하여 땀을 흘립니까? 자녀

들에게 무엇을 가르칩니까? 무엇을 목표로 삼고 사회생활 하도록 타이릅니까? 자녀들이 하나님을 두려워하고 정직하게 살 수 있도록 가르칩니까, 아니면 세상에서 출세하는 방법만 가르칩니까?

하나님은 예레미야 7장 5절에서 가난한 자와 불쌍한 자를 돌아보라고 했습니다. 우리가 친하게 지내는 사람은 어떤 사람입니까? 지위가 높은 사람, 세상의 이익을 얻기 위해서 필요한 사람 아닙니까? 혹시 친해지면 손해 볼 것 같은 사람들은 될 수 있는 한 피하지 않습니까? 찾아오면 밥 한 그릇이라도 먹여 보내야 하는 사람, 돈을 빌려주어야 하는 사람, 돈을 빌려주어도 받지 못할 사람들은 달가워하지 않습니다. 그러나 하나님은 그런 사람과 허물없이 지내라고 하십니다. 우리 삶의 목표는 세상의 명예나 권세가 아니기 때문입니다. 하나님은 우리가 세상이 가진 힘, 세상이 탐하는 물질과 권세를 좇지 않음으로 우리 스스로를 증명하기 바라십니다.

이웃을 돌아보십시오. 우리의 도움을 필요로 하는 곳이 너무나 많습니다. 우리의 돈과 물질뿐 아니라 우리의 시간을 필요로 하는 곳도 많습니다. 마음이 우러날 때까지 기다릴 일이 아닙니다. '나도 할 수 있다'라며 이를 악물고 한번 실천해 보십시오. 그렇게 하지 않으면 십일조로 일억 원을 낸들, 눈을 빼서 바친들 소용없습니다.

신앙생활은 좋은 옷 입고 교회에 나와 성가대 찬양과 설교 말씀을 듣고 찬양 참 잘 부른다, 설교 참 잘하신다, 감상이나 하는 것이 아닙니다. 신앙은 어떻게 사는지로 증명됩니다.

예수님은 성전을 헐기 위해 오셨습니다. 겉으로만 제사장 노릇하며 제물을 들고 오는 사람들의 잘못된 마음을 헐기 위해 오셨습니다. 우리가 영과 진리로 예배를 드렸는지 돌아보게 하시고 외식하는 자들을 깨우치기 위하여 성전을 허시는 것입니다. 요한복음 4장을 봅시다.

> 예수께서 이르시되 여자여 내 말을 믿으라 이 산에서도 말고 예루살렘에서도 말고 너희가 아버지께 예배할 때가 이르리라 너희는 알지 못하는 것을 예배하고 우리는 아는 것을 예배하노니 이는 구원이 유대인에게서 남이라 아버지께 참되게 예배하는 자들은 영과 진리로 예배할 때가 오나니 곧 이 때라 아버지께서는 자기에게 이렇게 예배하는 자들을 찾으시느니라 하나님은 영이시니 예배하는 자가 영과 진리로 예배할지니라 (요 4:21-24)

마음속을 한번 들여다보십시오. 외식과 형식으로 만족되는 성전이 있는지 확인해 보십시오. 성가대원이라는 것으로, 집사나 권사나 장로라는 것으로, 십일조를 내는 것으로 스스로를 위안하지 마십시오. 하나님은 오직 영과 진리로 예배하는 사람을 찾고 계십니다.

인간이라면 늘 실수하는 대목이기 때문에 경계를 늦추지 말아야 합니다. 우리는 예수님의 엄중한 경고를 받은 사람답게 자신을 돌아보아야 합니다. 욕망으로 세운 성전을 허십시오. 살아계신 하나님 앞에 영과 진리로 나아가야 합니다. 그분의 말씀대로 살면서 이웃을 돌아보십시오. 힘없고 연약한 자들을 돌아보십시오. 세상의 명예와 탐욕을 얻기 위해 하나님의 이름을 들먹이지 마십시오. 그런 것들과는 비교할 수 없는 하나님의 사랑을 경험하기 바랍니다.

08

예수를
알아보는
것

1 그런데 바리새인 중에 니고데모라 하는 사람이 있으니 유대인의 지도자라 **2** 그가 밤에 예수께 와서 이르되 랍비여 우리가 당신은 하나님께로부터 오신 선생인 줄 아나이다 하나님이 함께 하시지 아니하시면 당신이 행하시는 이 표적을 아무도 할 수 없음이니이다 **3** 예수께서 대답하여 이르시되 진실로 진실로 네게 이르노니 사람이 거듭나지 아니하면 하나님의 나라를 볼 수 없느니라 **4** 니고데모가 이르되 사람이 늙으면 어떻게 날 수 있사옵나이까 두 번째 모태에 들어갔다가 날 수 있사옵나이까 **5** 예수께서 대답하시되 진실로 진실로 네게 이르노니 사람이 물과 성령으로 나지 아니하면 하나님의 나라에 들어갈 수 없느니라 **6** 육으로 난 것은 육이요 영으로 난 것은 영이니 **7** 내가 네게 거듭나야 하겠다 하는 말을 놀랍게 여기지 말라

(요 3:1-7)

어떤 표적을 보여 주어도

바리새인 중에 니고데모라는 사람이 있었습니다. 이 사람은 유대인 사회에서 지도자이며 선생이었는데, 밤중에 예수님을 찾아와 이렇게 말합니다. "랍비님, 우리는 당신이 하나님으로부터 오신 선생인 줄 압니다. 하나님이 함께하시지 않으면 누구도 당신이 행하시는 것 같은 표적을 보일 수 없을 것입니다." 니고데모는 예수님에게 호의적인 태도로 이야기를 꺼내 놓습니다.

이에 대한 예수님의 답변은 그리 호의적으로 보이지 않습니다. 예수님은 니고데모의 찬사에도 이렇다 할 대꾸를 하시지 않은 채, 단지 "사람이 거듭나지 않으면 하나님의 나라를 볼 수 없다"라고 말씀하십니다. 예수님은 니고데모가 꺼내 놓은 주제와는 동떨어진 것 같은 이야기를 하시고 있습니다. 예수님은 니고데모가 표적 때문에 찾아온 것을 아시고 그런 관심에 대해서는 응하지 않으려고 하시는 것 같습니다. 예수님은 "너는 지금 표적에 눈이 어두워져 영적인 일을 보지 못하는구나"라며 니고데모의 방문 동기가 잘못되었다고 꾸짖으시는 것처럼 보입니다. 예수님이 니고데모에게 하신 말씀은 어떤 의미일까요? 그 뜻을 정확히 살피기 위해 마태복음 12장을 봅시다.

> 그 때에 서기관과 바리새인 중 몇 사람이 말하되 선생님이여 우리에게 표적 보여주시기를 원하나이다 예수께서 대답하여 이르시되 악하고 음란한 세대가 표적을 구하나 선지자 요나의 표적 밖에는 보일 표적이 없느니라 요나가 밤낮 사흘 동안 큰 물고기 뱃속에 있었던 것 같이 인자도 밤낮 사흘 동안 땅 속에 있으리라 심판 때에 니느웨 사람들이 일어나 이 세대 사람을 정죄하리니 이는 그들이 요나의 전도를 듣고 회개하였음이거니와 요나보다 더 큰 이가 여기 있으며 심판 때에 남방 여왕이 일어나 이 세대 사람을 정죄하리니 이는 그가 솔로몬의 지혜로운 말을 들으려고 땅 끝에서 왔음이거니와 솔로몬보다 더 큰 이가 여기 있느니라 (마 12:38-42)

여기서도 예수님을 대면한 사람들이 표적을 언급합니다. 이들은 니고데모와 달리 적대적인 태도로 예수님에게 표적을 요구합니다. 서기관과 바리새인들은 예수님에게 표적을 보여 달라고 요구하고 있습니다. 예수님은 이미 병을 고치고 귀신을 내쫓는 등 이적을 많이 행하셨습니다. 그런데도 이들이 또다시 표적을 요구하고 있습니다. 예수님의 답변을 보면, 이들의 동기는 좋지 않은 것이었습니다.

　이들은 정당한 판단을 하기 위해 표적을 구하는 것이 아닙니다.

예수님을 고발하기 위해 올무를 놓으려고 표적을 구하는 것입니다. 이에 대해 예수님은 "너희에게 보여 줄 것은 요나의 표적밖에 없다"라고 하십니다. 여기서 생각해 볼 점이 있습니다. 왜 예수님은 요나의 표적을 말씀하실까요?

니느웨에서의 사건과 지금 예수님이 처한 상황을 함께 놓고 보면 이상한 점이 있습니다. 이방인인 니느웨 사람들은 하나님이 보내신 선지자 요나의 말을 듣고 회개했습니다. 이들은 선지자를 통해 주어지는 하나님의 경고를 듣고 회개했던 것입니다. 한편, 지금 유대인인 서기관과 바리새인들은 누구의 말을 듣고 있습니까? 하나님 자신인 예수님이 이들 앞에 계십니다. 하나님이신 예수님이 오셔서 말씀하시는데도 이들은 그 말을 듣지 않고 표적을 보여 달라고 합니다.

두 경우를 비교해 보면, 하나님의 백성인 유대인들이 이방인인 니느웨 사람들보다 못하다고 할 수 있습니다. 니느웨 사람들은 선지자의 말을 듣고도 회개했는데, 유대인들은 하나님이신 예수님이 오셨는데도 배척하고 있기 때문입니다. 그러니 예수님이 이들을 어떻게 하셔야 좋을까요?

논리적으로 생각하면, '니느웨 사람들은 요나의 말을 듣고도 하나님 앞에 회개했는데 너희는 하나님이 직접 오셔서 말씀하시는데도 듣지 않는구나. 그러므로 너희는 죽어 마땅하다'라고 말씀하셔야 옳아 보입니다. 예수님이 정죄해야 맞는 상황이기 때문입니다. '너희는 하나님인 나를 알아보지 못하니 죽어야 한다'라고 하는 것이 당연할 것입니다.

그런데 예수님은 어떻게 말씀하시고 있습니까? "더 큰 이가 여기 있다"라고 하십니다. 요나보다 큰 분이 와 있다는 것입니다. 이런 분이 왜 이들 앞에 오셨을까요? 성경은 예수님이 죄인들을 벌하기 위해서가 아니라, 살리기 위해서 오셨다고 가르치고 있습니다. 그러니 예수님은 지금 "죽어 마땅한 너희를 위해 내가 왔다"라고 말씀하시는 셈입니다.

이렇게 볼 때, 예수님이 서기관과 바리새인들에게 하신 말씀을 다시 정리해 볼 수 있습니다. "니느웨 사람들은 내가 보낸 요나의 말을 듣고도 회개했지만, 너희는 내가 직접 와서 말하는데도 전혀 회개하지 않는구나. 그러나 그것은 당연하다. 너희가 거듭나지 않았기 때문이다. 내가 그런 너희를 속죄하기 위하여 이 땅에 왔다. 거듭나지 않으면 하나님을 제대로 알 수 없기 때문에 나를 알아보지 못하는 것이 당연하다. 그래서 너희를 거듭나게 하려고 내가 죽을 것이다."

거듭나지 않으면 하나님의 나라를 볼 수 없다는 말씀은 무슨 뜻일까요? 예수님이 영적 죽음을 회복하는 대속 제물로 오셔서 구속을 완성하여 우리를 하나님의 자녀로 거듭나게 하기 전에는 어떤 사람도 예수님을 하나님의 아들로 알아보지 못할 것입니다. 아무리 능력 있는 선지자가 와도, 아니 천사가 와서 증거한다고 해도 사람은 예수님을 알아보지 못할 것입니다.

이런 맥락을 염두에 둔다면, 예수님이 니고데모에게 하신 말씀은 꾸중이나 질책이 아니라는 것을 알 수 있습니다. 예수님은 그에게 '진실로 진실로 네게 이르노니 사람이 거듭나지 아니하면 하나님의 나라를 볼 수 없느니라'(요 3:3)라고 하셨습니다. 사람이 거듭나지 않는 한 하나님과 영에 대하여 무지한 것은 당연하다고 하시는 것입니다.

니느웨 성 사람들의 회개

앞서 살펴본 마태복음 12장에서 예수님은 서기관과 바리새인들에게 요나 사건을 언급하셨습니다. 늘 하나님 편에 서서 살아왔다고 생각하는 사람들에게 이제 겨우 회개한 니느웨 사람들의 예를 인용하신 이유는 무엇이었을까요. 우리는 이 회개 사건을 통해 유대인들 앞에 제시된 문제를 좀 더 생각해 볼 수 있습니다.

요나의 말을 듣고 회개한 니느웨 성 사람들은 하나님의 말씀에 귀를 잘 기울이는 어떤 특별한 부류가 아니었습니다. 이들은 모든 인류와 같은 사람들입니다. 그런데도 이들은 한낱 선지자에 불과한 요나의 말을 듣고도 회개했습니다.

만일 인간이 그렇게 회개할 수 있는 존재라면, 예수님을 만난 유대인들은 더더욱 깊이 회개하였을 것입니다. 요나의 말을 듣고 사람이 회개할 수 있었다면, 그 말의 주인이신 하나님을 만나면 그분을 보자마자 무릎을 꿇고 머리를 땅에 대는 정도가 아니라 아예 땅속에 들어갈 정도로 깊이 회개할 것입니다. 그래야 맞을 것입니다.

그런데 예수 그리스도를 만난 사람들은 어떻게 했습니까. 회개하기는커녕 하나님이 직접 와서 말씀하시는데도 하나님을 알아보지 못했습니다. 심지어 그분을 십자가에 못 박았습니다. 예수님은 인간이 그런 상태에 있는 줄을 다 알고 계셨습니다. 그래서 "너희가 내 말을 듣고도 회개하지 않는구나. 그래서 내가 너희를 속죄하고 거듭나게 하려고 왔노라" 하고 말씀하셨던 것입니다.

이렇게 인류 모두에게 해당하는 인간의 동일한 상태를 염두에 둘 때, 하나님 자신의 말씀도 알아듣지 못하는 인간이 요나라는 선지자, 곧 메시지를 맡은 종의 말을 제대로 알아들었겠는가 하고 묻게 됩니다. 과연 이들은 하나님이 하시는 일에 얼마나 관심을 가질 수 있었을까요?

니느웨 사람들의 회개가 가짜라거나 거짓이라고 말하려는 것은 아닙니다. 그들은 요나 선지자의 경고를 귀 담아 듣고 회개했습니다. 그러나 이들은 하나님의 말씀을 제대로 알아듣고 회개할 수 있었던 것일까요? 과연 하나님이 하시려는 일에 마땅한 관심을 두게 되었을까요.

예수님이 활동하실 때에도 열심히 따랐던 사람들이 있었습니다. 그들은 식사도 거르고 예수님 곁을 떠나지 않던 사람들이었습니다. 그렇게 주리며 예수님을 따르던 사람들을 예수님이 먹이신 사건이 성경에 나옵니다. 남자만 해도 오 천 명이 넘는 사람들을 오병이어의 기적으로 먹이신 사건이 그것입니다. 그런데 이 놀라운 기적을 체험하며 예수님을 좇던 사람들에게 예수님은 이렇게 말씀하셨습니다.

> 예수께서 대답하여 이르시되 내가 진실로 진실로 너희에게 이르노니 너희가 나를 찾는 것은 표적을 본 까닭이 아니요 떡을 먹고 배부른 까닭이로다 (요 6:26)

예수님은 자기를 찾는 극성스러운 추종자들을 이처럼 신랄하게 비판하셨습니다. "너희가 나를 좇는 것은 표적이 가리키는 것을 깨달았기 때문이 아니다. 너희는 단지 내가 기적으로 너희에게 베풀어 준 떡을 먹고 배부른 것만을 생각하고 있다."

예수님의 말씀을 듣고 예수님의 기적을 맛본 사람도 정작 예수님이 하시는 일이 무엇인지 제대로 알아보지 못하고 있다면, 선지자의 말을 듣고 회개한 니느웨 사람들의 상태는 어떠했을까요. 이들은 회개했으나, 아직 깨달아야 할 것이 많았을 것입니다. 예수님의 가르침과 기적을 맛본 사람들처럼 니느웨 사람들의 회개는 아직 더 나아가야 했습니다. 그리고 평생 하나님 편에서 살아왔다고 생각하는 서기관과 바리새인들도 예수님의 지적을 알아들어야 했습니다.

주를 만난 사람답게

"너희가 나를 찾는 것은 표적을 본 까닭이 아니요 떡을 먹고 배부른 까닭이로다"라는 예수님의 말씀은 우리에게도 엄중한 말씀으로 다가옵니다.

사람이 사는 모습을 보면 자신의 이익을 얻기 위한 노력이 가득합니다. 멋진 대의명분을 내걸지만 실은 상대방을 못살게 하고 자기만 이익을 보겠다는 동기가 깔려 있는 일이 허다합니다. 공산주의니 민주주의니 하는 정치적 대결도 허울로 그칠 뿐 결국 상대방은 보리밥을 먹어도 나는 고기를 먹겠다는 싸움에 불과했던 것을 우리는 역사를 통해 알고 있습니다. 인간의 싸움은 어떤 것으로 포장해도 이런 수준을 벗어나지 못합니다. 이런 일들은 교회에서도 마찬가지로 일어납니다.

이 문제에 대해 더 깊이 이해하기 위해서 제 이야기를 조금 해 보겠습니다. 저는 이북에서 피난을 왔습니다. 저희 집안은 조부 때부터 신앙생활을 해 왔습니다. 이북에 있던 당시 제 할아버지는 사방 육십 리가 넘는 땅의 지주여서 교회의 재정을 거의 도맡아 책임졌습니다. 그래서 제 아버지는 아주 가까이서 교회를 경험하셨습니다. 아버지는 어려서부터, 목사들이 먹고사는 문제에 얼마나 연연했는지를 너무나도 가까이서 보게 되었습니다. 아버지는 그런 모습에 회의를 느끼셨는지 예수를 믿으면서도 돌아가시기 일 년 전까지 교회에 나가시지 않았습니다. 그렇게 아버지는 교회 모습에 반발하셨습니다. 예수님에게서 많은 것을 보고 그분을 따른다고 하지만, 결국에는 떡을 먹고 배부른 것만 생각하는 신자들의 모습을 보았던 것입니다.

저는 목사여서 보게 되는 더 큰 아픔이 있습니다. 교회에서는 사람들이 목사에게 성의를 다해 대접합니다. 그런데 그런 대접을 받을 때면 이런 생각이 듭니다. 목사는 이렇게 대접을 받는데 왜 하나님은 이 정도 대접도 못 받으시는가 하는 생각입니다. 목사는 극진한 대접을 받는데 하나님의 말씀과 영광은 제대로 대접받지 못합니다.

이런 현실이 우리에게 당연하게 여겨지고 있습니다. 우리는 예수님을 따른다고 하면서 무슨 생각을 하고 있는 것일까요. 우리의 생활을 돌아보십시오. 내가 교회 생활을 얼마나 열심히 했는지가 아니라 나의 가정과 직장과 삶 속에서 하나님이 얼마나 영광 받으시는지를 돌아보아야 합니다.

니고데모가 "선생님은 정말 대단하신 분입니다. 하나님이 함께 하시지 않으면 이런 일들은 있을 수 없습니다"라고 말했을 때, 예수님은 "니고데모야, 내가 진실로 네게 이른다. 사람이 거듭나지 아니하면 하나님 나라를 볼 수 없다"라고 하셨습니다. 이것은 니고데모에게만이 아니라 우리에게도 하시는 말씀입니다.

우리는 거듭나 하나님을 믿는 사람들입니다. 그렇기 때문에 이 말씀을 더 진지하게 들어야 합니다. 니고데모는 아직 거듭나지 못해서 그 정도였다고 합시다. 하지만 거듭난 사람인데도 하나님을 그 영광과 권위에 맞게 대접하지 못하고 있다면 우리는 니고데모보다 못한 사람입니다.

그러므로 요한복음 3장을 통해 가슴 아픈 찔림을 받아야 합니다. 상처가 되어도 들으셔야 합니다. 오늘날 우리는 예수님을 믿는다, 하나님을 섬긴다는 말을 너무도 쉽게 합니다. 그러나 정작 우리 삶에서는 하나님이 대접받지 못하십니다.

예수님이 우리에게도 말씀하십니다. "내가 진실로 진실로 네게 이르니 사람이 거듭나지 아니하면 하나님 나라를 볼 수 없다." 이 말씀 앞에서 피가 거꾸로 솟을 만큼 부끄러움과 두려움을 가져야 합니다. 이것이 하나님 앞에 선 이들이 마땅히 가져야 할 마음입니다.

예수님이 니고데모를 향하여 하신 말씀은 오늘날 우리에게도 살아 있는 말씀, 능력 있는 말씀, 회피해서는 안 되는 말씀으로 주어지고 있습니다. 우리 가슴에 도장처럼 찍히고 뼈에 아로새겨져야 합니다. 이 말씀 앞에 겸손히 무릎 꿇고 스스로를 돌아봅시다.

우리는 은혜를 받아 주를 만난 사람들입니다. 주께 헌신하는 사람으로, 주를 좇는 사람으로, 그분의 말씀이라면 물불 가리지 않는 사람으로 정진해야 합니다. 이 아름다운 결심과 각성이 모든 심령 위에 있기를 바랍니다.

09

오직 하나님이 이루신 일

8 바람이 임의로 불매 네가 그 소리는 들어도 어디서 와서 어디로 가는지 알지 못하나니 성령으로 난 사람도 다 그러하니라 **9** 니고데모가 대답하여 이르되 어찌 그러한 일이 있을 수 있나이까 **10** 예수께서 그에게 대답하여 이르시되 너는 이스라엘의 선생으로서 이러한 것들을 알지 못하느냐 **11** 진실로 진실로 네게 이르노니 우리는 아는 것을 말하고 본 것을 증언하노라 그러나 너희가 우리의 증언을 받지 아니하는도다 **12** 내가 땅의 일을 말하여도 너희가 믿지 아니하거든 하물며 하늘의 일을 말하면 어떻게 믿겠느냐 **13** 하늘에서 내려온 자 곧 인자 외에는 하늘에 올라간 자가 없느니라 **14** 모세가 광야에서 뱀을 든 것 같이 인자도 들려야 하리니 **15** 이는 그를 믿는 자마다 영생을 얻게 하려 하심이니라 (요 3:8–15)

예수를 믿는다는 말의 의미

복음의 핵심을 가장 단순하게 표현하면 '예수를 믿어 영생을 얻는다'입니다. 우리는 예수를 믿어 영생을 얻은 사람들입니다. 그러나 이 말이 갖는 뜻은 깊고 오묘하여 헤아리기가 쉽지 않습니다. 내용을 깨닫기는커녕 곁길로 새기도 합니다.

신자가 신앙생활을 할 때 잘 헤어나지 못하는 큰 시험 중 하나는 자책감과 관련된 것입니다. 내가 이런 꼴을 하고도 예수를 믿는다고, 구원을 얻었다고 할 수 있는가 하는 자책감입니다. 이런 자책감에 매여 있으면 자폭하거나 도망가 버리거나 원래 이런 거라면서 슬며시 체념하게 됩니다. 그런데 이런 현상은 본문 15절의 '그를 믿는 자마다 영생을 얻게 하려 하심이니라'라는 말씀에 대한 오해에서 비롯된 것입니다. 복음을 제대로 이해하지 못하고 곁길로 샌 경우입니다. '믿는 자마다 영생을 얻게 하려 하심'이라는 말씀의 의미를 자세히 살펴봅시다. 많이 들어서 이미 다 아는 이야기라고 생각하기 쉽지만 이 말씀에는 우리가 미처 알지 못한 깊은 뜻이 담겨 있습니다.

믿음의 대상

우리는 어떻게 구원을 얻습니까? '믿는 자마다 영생을 얻게 하려 하심이니라'라는 구절만 놓고 보면 믿어서 구원을 얻는다고 생각할 수 있습니다. 예수를 믿으면 영생을 얻을 수 있다고 말입니다. 그러나 15절의 이 구절은 14절에 이어 나오는 약속의 말씀입니다. 그러니 14절을 파악해야만 이 구절을 제대로 이해할 수 있습니다.

14절은 "모세가 광야에서 뱀을 든 것 같이 인자도 들려야 하리니"라고 되어 있습니다. 이어 15절에 그 이유가 나옵니다. "이는 그를 믿는 자마다 영생을 얻게 하려 하심이니라." 14절에서 모세가 광야에서 뱀을 든 것처럼 인자도 들려야 한다고 했는데 이것은 믿는 자에게 영생을 얻게 하기 위한 것이라고 합니다. 즉 14절의 사건은 영생을 주기 위한 것입니다. 14절의 사건으로 말미암아 15절의 약속이 성취되는 것입니다. 편의상 14절을 '사건'이라고 하고 15절을 '약속'이라고 하겠습니다. 인자가 들리는 사건이 일어나야 영생을 주신다는 약속이 이루어집니다. 인자가 들리는 사건이 일어나지 않으면 영생을 주신다는 약속이 이루어질 수 없는 것입니다.

15절에서 예수를 믿으면 구원을 얻는다고 했습니다. 여기서 질문해 봅시다. 우리가 예수를 믿으려면 예수는 영광스러운 모습이어야 할까요, 처참한 모습이어야 할까요? 예수를 믿어 구원을 얻는다고 한다면 예수는 처참한 모습이 아니어야 할 것입니다. 믿을 만한 대상이라면 당연히 영광스러운 모습이어야 합니다. 15절 약속의 근거가 되는 십자가 사건도 마찬가지입니다. 십자가 사건을 믿어서 구원을 얻는다고 한다면 그 사건은 적어도 감격스러운 것이어야 합니다.

예금 이자를 생각해 봅시다. 이자가 오천만 원쯤 된다면 원금은 최소한 오억 원 이상 되어야 할 것입니다. 원금이 클수록 이자도 커지는 법입니다. 예수를 믿어 구원을 얻는다는 말도 마찬가지입니다. 예수의 존재나 십자가 사건이 구원의 근거라면 그것들은 구원보다 더 대단한 것이어야 합니다. 좋은 것을 얻었다고 한다면 그 근거가 되는 것은 얻은 것보다 훨씬 더 좋은 것이어야 합니다. 하지만 성경이 말하는 것은 우리의 생각과 달라 보입니다. 민수기 21장을 봅시다.

> 백성이 호르 산에서 출발하여 홍해 길을 따라 에돔 땅을 우회하려 하였다가 길로 말미암아 백성의 마음이 상하니라 백성이 하나님과 모세를 향하여 원망하되 어찌하여 우리를 애굽에서 인도해 내어 이 광야에서 죽게 하는가 이 곳에는 먹을 것도 없고 물도 없도다 우리 마음이 이 하찮은 음식을 싫어하노라 하매 여호와께서 불뱀들을 백성 중에 보내어 백성을 물게 하시므로 이스라엘 백성 중에 죽은 자가 많은지라 백성이 모세에게 이르러 말하되 우리가 여호와와 당신을 향하여 원망함으로 범죄하였사오니 여호와께 기도하여 이 뱀들을 우리에게서 떠나게 하소서 모세가 백성을 위하

> 여 기도하매 여호와께서 모세에게 이르시되 불뱀을 만들어 장대 위에 매달아라 물린 자마다 그것을 보면 살리라 모세가 놋뱀을 만들어 장대 위에 다니 뱀에게 물린 자가 놋뱀을 쳐다본즉 모두 살더라 (민 21:4-9)

성경에서 뱀은 사탄과 죄의 상징으로 등장합니다. 죄의 원흉입니다. 성경에서 좋은 의미로 쓰인 경우는 마태복음 10장 16절의 '뱀 같이 지혜롭고'라는 구절뿐입니다. 그런데 이스라엘 백성들이 살기 위해 쳐다보아야 하는 목표물은 이상하게도 뱀입니다. 불뱀에 물린 백성들을 살릴 수 있을 만한 것이라면 근사한 것이어야 할 텐데 심지어 그것은 죄를 상징하는 뱀입니다.

요한복음 3장 14절에서는 모세가 광야에서 뱀을 든 것처럼 예수님도 들려야 한다고 하셨습니다. 민수기 21장을 염두에 두면 뱀을 달아 놓은 자리에 예수님이 달려야 한다는 것 같습니다. 예수님이 뱀의 대체물로 오신 듯하여 의아한 느낌이 듭니다. 예수님이 뱀과 동격이 되니 말입니다.

그러나 여기서 성경이 강조하려는 것이 무엇인지 확인할 수 있습니다. 광야에서 백성들을 살려 주는 것은 놋뱀 자체가 아닙니다. 또한 쳐다보는 행위에 효험이 있는 것도 아닙니다. 쳐다보아야 할 대상이 별 가치 없는 것이라면 쳐다보는 행위도 가치 없는 행동입니다. 그러니 쳐다보는 것 자체의 중요성을 말하는 것이 아니라면 민수기 21장은 무엇을 말하려고 기록된 것일까요?

민수기 21장에서 이스라엘 백성들은 하나님을 원망하다가 불뱀에 물렸습니다. 이 일은 그들에게 자업자득입니다. 하나님을 원망하다가 벌을 받은 것이기 때문입니다. 이런 백성에게 시급한 문제는 불뱀에 물린 상처를 치료하는 것이 아닙니다. 이들은 치료를 받아도 다음날 다시 불평할 사람들입니다. 그러니 이스라엘 백성에게 더 중대한 문제는 다음날 또 다른 뱀에게 물릴 가능성이 있다는 것입니다. 하나님을 원망하며 사는 이상 그들은 계속 벌을 받을 것입니다. 그들은 기회가 더 주어진다고 해도 하나님을 원망하지 않을 사람들이 아닙니다.

그러므로 그날그날의 불뱀을 퇴치하는 것은 그들의 가진 문제에 대한 근본적 해결이 아니었습니다. 그래서 하나님은 이스라엘 백성을 위해 단지 불뱀에 물린 사건 하나를 해결하는 데 그치지 않고 그들의 죄 문제를 근원적으로 해결하려고 하십니다. 하나님은 죄를 아예 없애고 싶어 하십니다. 죄를 씻으실 뿐 아니라 결국 죄를 처치하여 박멸하고 싶어 하십니다. 그 방법이 바로 놋뱀을 나무에 매다는 것이었습니다. 그래서 그것을 보라고 하신 것입니다. 성경에 보면 나무에 매다는 일에는 특별한 의미가 있습니다.

> 그 시체를 나무 위에 밤새도록 두지 말고 그 날에 장사하여 네 하나님 여호와께서 네게 기업으로 주시는 땅을 더럽히지 말라 나무에 달린 자는 하나님께 저주를 받았음이니라 (신 21:23)

나무에 달렸다는 것은 하나님에게 저주받았음을 뜻합니다. 잘 보이라고 매다는 것이 아닙니다. 이런 전제에서 놋뱀을 매달라고 하는 것입니다.

앞서 언급한 대로 뱀은 죄의 원흉을 상징합니다. 또 놋이나 철은 하나님의 심판을 상징합니다. 신명기 28장 23절에서 "네 머리 위의 하늘은 놋이 되고 네 아래의 땅은 철이 될 것이며"라고 합니다. 이스라엘 백성이 하나님에게 불순종할 때 하나님의 저주와 재앙이 있을 것이라고 암시하는 표현입니다. 전염병이 돌고 기근이 들고 적군의 포로로 팔려 갈 것입니다. 이때 하늘은 놋이 되고 땅은 철이 될 것입니다.

또 심판하시기 위해 장차 임하실 하나님의 모습을 '빛난 주석'에 비유하여 표현한 구절도 있습니다. 요한계시록 1장 15절에서 "그의 발은 풀무불에 단련한 빛난 주석 같고 그의 음성은 많은 물 소리와 같으며"라고 심판자를 묘사합니다. 하나님이 심판하여 죄를 밟아 죽이실 것이라는 뜻을 담고 있습니다.

놋뱀을 매달았다는 것은 심판받은 뱀, 저주받은 뱀을 매달았다는 것입니다. 그 뱀에 쳐다볼 만한 가치가 있는 것이 아닙니다. 물론 뱀을 쳐다보는 행위도 구원을 이루어 내는 조건일 수 없습니다. 그렇다면 구원은 어떻게 이루어지는 것일까요? 요한복음 3장 14절, 15절에서 예수님은 우리에게 구원이 이루어지려면 자신이 저주받아야 한다고 말씀하십니다. '광야에서 뱀이 들린 것처럼 나도 나무에 매달려 저주받아야 한다. 그래야 너희가 고쳐지며 영생을 얻을 것이다'라고 말씀하시는 것입니다.

구원에 대한 오해

예수님이 우리를 대신해 죽으셨습니다. 광야에서 뱀이 들린 것처럼 예수님이 우리의 죗값을 대신 치르고 심판받아 죽어야 우리가 중생할 수 있다고 하십니다. 그러니 요한복음 3장 15절의 "이는 그를 믿는 자마다 영생을 얻게 하려 하심이니라"라는 말씀은 우리의 믿음을 촉구하는 수준의 말이 아닙니다. '너희의 구원을 이루기 위해서는 내가 죄를 대속하는 수밖에 없다'라는 의미의 말입니다. 구원을 얻는 것은 인간의 능력으로 불가능합니다. 이것이 바로 성경이 누누이 이야기하는 구원입니다.

성경이 말하는 구원에 대해 분명히 이해하고 있다면 다음과 같은 중요한 질문에 답할 수 있습니다. 하나님이 예수 그리스도를 보내신 것은 우리에게 구원을 선택할 권리를 주시기 위한 것입니까, 아니면 우리를 죄의 사슬에서 끊어 내어 구원으로 붙잡아 가기 위한 것입니까? 이 질문에 어떻게 답하느냐에 따라 신앙이 성장할 수도 그렇지 않을 수도 있습니다. 그러므로 이 질문은 우리의 신앙생활을 돌아보는 데에 하나의 시금석이 됩니다. 잘못하면 예수 그리스도가 오신 이유를 오해할 수 있기 때문입니다.

하나님이 우리에게 예수 그리스도를 보내신 것은 구원을 얻을지 말지 우리가 선택하게 하기 위한 것이 아니었습니다. 하나님은 우리를 구원하시려고 우리의 죗값을 치르기 위한 대속물로 예수 그리스도를 보내 주셨습니다. 구원은 내가 선택하여 얻은 것이 아니라 하나님이 성취하여 우리에게 주시는 것입니다. 구원을 이해할 때 이 기초가 확실하게 세워져 있어야 합니다.

내가 그리스도를 믿기로 선택해서 구원을 얻었다고 생각하면 이후의 신앙생활은 구원의 확신 문제 주위만을 끊임없이 맴돌게 됩니다. 그런 사람은 신앙이 자기 기준과 기대만큼 만족스럽지 않을 때마다 '이런 내가 예수를 믿는 것이 무슨 소용이 있을까?' 하고 고민하게 됩니다.

한국 교회 신자들에게는 구원의 확신 문제가 거침돌입니다. 구원을 이미 얻었는데도 재차 확인하느라 머리가 셀 정도입니다. 그래서 다른 것을 생각할 여유가 없습니다. 무슨 일을 해도 자신의 구원을 확인하기 위한 것으로밖에 여겨지지 않습니다. 선행을 하고 십일조를 내고 철야 기도를 하는 등 어떤 신앙적 행위를 하더라도 자신을 확인하는 일에만 머물러 있습니다. 그러니 진전이 없습니다. 디딤돌을 딛고 뛰어야 하는데 디딜 때마다 디딤돌이 가라앉을까 걱정만 할 뿐입니다.

구원, 하나님의 단독 작품

우리가 선택해서 예수 그리스도를 믿은 것이 아닙니다. 하나님은 우리에게 예수 그리스도를 믿을 것인지 믿지 않을 것인지 최후통첩하시지 않았습니다. 우리를 구원하시기 위해 믿음이라는 방법을 동원하셨을 뿐입니다.

만일 우리가 믿는 것을 선택하여 구원을 얻는다면 우리의 쳇값도 우리 스스로가 치러야 할 것입니다. 구원이란 궁극적으로 하나님의 사역입니다. 내가 받을 저주를 예수님이 대신 받으시려고 자청하여 우리에게 오셨습니다. 내가 스스로 예수를 선택했다고 생각하지 마십시오. 우리는 자랑할 것이 없습니다. 우리는 '하나님의 은혜입니다'라는 고백밖에 다른 할 말이 없는 자들입니다. 오직 하나님이 궁

휼을 베푸셔서 구원을 얻었습니다.

우리의 경험과 인식과 논리로 따지면 우리 스스로 예수를 믿기로 결심해서 구원을 얻었다고 생각하기 쉽습니다. 그러나 하나님이 나를 찾아오셔서 붙잡으셨고 나를 위하여 예수 그리스도를 보내 주셔서 내 죄를 속량하셨기 때문에 구원을 얻은 것입니다. 우리의 경험이나 인식은 중생한 다음부터 시작됩니다.

로마서 5장 8절의 "우리가 아직 죄인 되었을 때에 그리스도께서 우리를 위하여 죽으심으로 하나님께서 우리에 대한 자기의 사랑을 확증하셨느니라"라는 말씀은 구원이 무엇인지를 정확하게 표현한 대표 구절입니다. 우리가 죄인이었을 때에, 그리스도의 필요성을 깨닫지도 요청하지도 않았을 때에, 하나님이 먼저 우리를 위하여 예수 그리스도를 십자가에 못 박으시고 우리의 죗값을 대신 치르셨습니다. 하나님이 우리를 구원하셔서 자녀로 삼으셨습니다.

우리는 하나님이 낳은 새로운 피조물입니다. 갓 태어난 아기가 자기의 출생에 대해서 인식하지 못하듯 우리도 영적 출생에 대해 깨닫지 못합니다. 내가 어떻게 태어났는지 아버지가 어떻게 생겼는지 아는 때는 태어난 지 한참 지나서입니다. 그러므로 '내가 예수를 믿기로 했노라'라며 잘난 척할 것 없습니다. 아직 믿지 않는 이들을 보며 "나는 너희와 신분이 다르다"라고 하면서 "하나님, 제가 오늘 예수를 믿기로 작정하고 주를 찾아왔사오니 나를 영접하소서!"라고 할 것이 아닙니다.

구원에 대한 개념에 혼동이 생기면 끝없이 교만해지거나 끊임없이 좌절하게 됩니다. 우리는 구원을 위하여 한 것이 없으니 자랑할 것이 없습니다. 또한 우리 힘으로 쟁취할 수 있는 구원이 아니므로 좌절할 것도 없습니다. 우리는 우리가 가진 조건 때문에 부름 받은 사람이 아닙니다. 스스로 나서서 주를 찾아간 사람도 아닙니다. 하나님이 붙잡으셨기에 구원받은 사람입니다. 그러니 자랑할 것도 포기할 것도 없습니다. 우리는 하나님의 것이며 그분의 소유입니다. 그분이 놓지 않는 한 우리는 구원에서 제외될 수 없습니다.

요한복음 3장 14절, 15절을 다시 읽어봅시다. "모세가 광야에서 뱀을 든 것 같이 인자도 들려야 하리니 이는 그를 믿는 자마다 영생을 얻게 하려 하심이니라." 우리는 그의 죽으심으로 말미암아 영생을 얻게 되었습니다. 그의 나라에 가서 그분을 만날 것입니다. 우리를 구원하시고 사랑하시는 그분의 영광 속에서 영원토록 살 것입니다.

누구에게도 빼앗길 수 없고 우리 스스로도 버릴 수 없는 우리의 운명에 담대함을 갖기 바랍니다. 그 담대함으로 세상을 이기고 감사함으로 늘 하나님을 찬양하는 믿음의 승리가 영원하기 바랍니다.

10

하나님의
의지

16 하나님이 세상을 이처럼 사랑하사 독생자를 주셨으니 이는 그를 믿는 자마다 멸망하지 않고 영생을 얻게 하려 하심이라 17 하나님이 그 아들을 세상에 보내신 것은 세상을 심판하려 하심이 아니요 그로 말미암아 세상이 구원을 받게 하려 하심이라 18 그를 믿는 자는 심판을 받지 아니하는 것이요 믿지 아니하는 자는 하나님의 독생자의 이름을 믿지 아니하므로 벌써 심판을 받은 것이니라 19 그 정죄는 이것이니 곧 빛이 세상에 왔으되 사람들이 자기 행위가 악하므로 빛보다 어둠을 더 사랑한 것이니라 20 악을 행하는 자마다 빛을 미워하여 빛으로 오지 아니하나니 이는 그 행위가 드러날까 함이요 21 진리를 따르는 자는 빛으로 오나니 이는 그 행위가 하나님 안에서 행한 것임을 나타내려 함이라 하시니라 (요 3:16-21)

사랑에 대한 오해

요한복음 3장 16절은 예수를 믿는 사람이면 누구나 알고 또 소중히 여기는 말씀입니다. 이 말씀은 언제 들어도 좋고 언제 읽어도 위로가 됩니다. 여기에는 참으로 귀한 사랑의 약속이 담겨 있는데 잘 음미해 보면 우리가 생각하는 것보다 훨씬 더 깊은 뜻이 있다는 것을 알 수 있습니다. 더 나아가 본문 말씀을 잘 추적해 보면 예수를 믿는다는 것이 무엇인지, 하나님의 사랑을 받는다는 것이 무엇인지 알 수 있습니다. 그 의미를 깨닫게 되면 더 큰 감격 속에서 감사하게 될 것입니다.

우리는 흔히 요한복음 3장 16절만을 따로 떼어 생각합니다. 그런데 그렇게 하면 3장 전체의 문맥 속에서 16절을 이해하는 것과 상당한 차이가 생깁니다. 전체 문맥을 고려하지 않고 16절만 따로 떼어 놓고 보면 성경이 말하고자 하는 데까지 좇아오지 못하게 됩니다. 하나님의 복된 말씀과 풍성한 은혜를 차단하는 부작용이 생기게 되는 것입니다.

16절을 보면 하나님이 우리를 사랑하셔서 예수 그리스도를 보내 주셨으니 우리가 그를 믿으면 멸망하지 않고 영생을 얻게 된다고 합니다. 이 구절만 읽으면 하나님이 우리를 사랑하셔서 예수 그리스도를 보내셨으니 우리가 그 사랑에 보답하여 예수를 믿어야겠다고 생각할 수 있습니다. 그런데 이런 생각은 선입견으로 남아 본문을 이해하는 데 방해가 됩니다.

사랑이라는 말은 가장 아름다운 말인 동시에 가장 오해하기 쉬운 말이기도 합니다. 어느 도시에 두 명문 가문이 있었습니다. 두 가문의 딸과 아들은 서로 뜨겁게 사랑했습니다. 그런데 두 집안이 워낙 팽팽한 적대 관계에 있어서 둘은 함께할 수 없었습니다. 결국 둘은 도망가서 살 수밖에 없었고 사회에서 완전히 차단되어 먹고살 길이 막막했습니다. 견디다 못한 남자가 외국으로 가서 돈을 벌어 집으로 보냈습니다. 그런데 여자는 그만 제비족의 유혹에 넘어가 남편이 보낸 돈을 잘못 투자해 쫄딱 망하고 말았습니다. 여자만 믿고 열심히 돈을 벌었던 남자는 배신감을 견디지 못해 돌아가지 않았습니다. 결국 둘의 사랑은 실패로 끝났습니다. 참으로 슬픈 사랑 이야기입니다.

그런데 이런 이야기에는 전제가 깔려 있습니다. 사랑이란 혼자 할 수 있는 게 아니라는 것입니다. 상대가 호응하지 않으면 결실하지 못합니다. 이렇게 우리는 사랑을 두 사람이 서로 주고받을 때에만 가능한 것이라고 생각합니다.

그래서 우리는 요한복음 3장 16절도 이런 관점으로 읽습니다. 하나님이 보여 주신 사랑에 우리가 어떻게 반응하면 그 사랑을 유지할 수 있을지 고민합니다. 그러나 이러한 생각은 16절에 나오는 '사랑'을 제대로 이해하지 못한 생각입니다.

성경이 말하는 하나님의 사랑

성경을 읽을 때 중요하게 생각할 것은 개념이나 사건 자체가 아닙니다. 개념은 항상 사건이라는 구체적 맥락 속에서 이해되어야 합니다. 또 사건을 볼 때는 사건 자체보다 그 일을 누가 하는가에 주목해야 합니다. 요한복음 3장 16절에서 말하는 '사랑'이라는 개념도 마찬가지입니다. 여기서 말하는 사랑을 제대로 이해하려면 먼저 그 사랑이 어떻게 드러났는지를 알아야 합니다. 그리고 그 사랑의 주체가 누구인지를 생각해야 합니다. 그래야 여기서 말하는 사랑을 제대로 이해할 수 있습니다. 16절을 읽을 때 사랑을 시작하신 주체가 하나님이라는 사실을 잊으면 사랑이 개념으로만 남게 되어 말씀을 제대로 이해하지 못하게 됩니다.

16절에서 사랑의 주체가 하나님이라는 점을 놓치면 어떻게 될까요? 믿지 않는 사람을 보며 "네가 최소한의 양심이라도 있다면 하나님이 우리를 이토록 사랑하시는데 회개하고 예수님을 믿어야 하지 않겠니?"라고 한심해할 것입니다. 또 하나님은 사랑을 제시만 하시는 것이고 우리가 항복하고 감동해야만 그 사랑이 완성된다고 생각할 수도 있습니다. 그러나 하나님은 그렇게 나약하신 분이 아닙니다.

성경은 하나님에 대해 설명합니다. "태초에 하나님이 천지를 창조하시니라"(창 1:1). 하나님은 천지를 창조하신 분, 곧 전능하신 분입니다. 그런 분이 우리를 사랑하시는 것입니다. 사람끼리 하는 사랑에 대해서도 사랑에는 국경이 없다고 할 정도인데 우리를 향한 하나님의 사랑은 과연 어느 정도일까요. 천지를 창조하신 분의 사랑을 감히 누가 막을 수 있을까요. 이것이 바로 요한복음 3장 16절에서 하는 이야기입니다. 여기에 나온 사랑을 누가 계획하시며 누가 지휘하시는지가 본문의 초점입니다.

우리는 구원에 대해 생각할 때 종종 불안해하곤 합니다. 하나님의 큰 사랑에 보답하려면 내 쪽에서도 무언가 내어놓아야 할 것 같기 때문입니다. 이런 태도는 신자가 자신을 돌아보며 신앙을 바로 잡기 위한 훈련으로서는 옳은 자세입니다. 그러나 우리의 불안이 구원을 확인하는 방법으로 나아간다면 잘못된 것입니다. 성경은 우리가 구원받기 위해 하나님을 사랑해야 한다고 말하지 않습니다. 요한복음 3장 16절은 우리의 반응을 촉구하는 제안서가 아닙니다. 이 말씀은 그저 하나님이 이루시고야 말겠다는 선언이며 집념의 표현입니다.

16절의 '하나님이 세상을 이처럼 사랑하사'라는 구절을 생각해 봅시다. 여기서 짚고 가야 할 세 단어가 있습니다. '사랑하사', '하나님', '이처럼'입니다. '이처럼'은 어느 정도를 말하는 것일까요. 이어서 나오는 '독생자를 주셨으니'라는 말로 설명됩니다. 즉 독생자를 주실 만큼 세상을 사랑하셨다고 읽을 수 있습니다. 그러나 여기까지 이해하고 만다면 16절 자체만을 생각하는 것입니다.

요한복음 3장 전체의 맥락 속에서 16절을 다시 봅시다. 먼저 15

절과 16절 하반절을 나란히 읽어 봅시다. 15절은 "이는 그를 믿는 자마다 영생을 얻게 하려 하심이니라"입니다. 16절 하반절은 '이는 그를 믿는 자마다 멸망하지 않고 영생을 얻게 하려 하심이라'입니다. 16절에 '멸망하지 않고'라는 말이 첨가되어 있을 뿐 두 구절이 똑같습니다. 이렇게 보면 16절의 상반절은 14절에 대응한다고 할 수 있습니다. 14절과 15절을 한데 묶어 16절에서 다시 이야기하는 것입니다. 16절의 '이처럼'은 14절의 '모세가 광야에서 뱀을 든 것 같이'에 대응합니다. 14절 말씀이 해당되는 사건이 구약성경에 나옵니다. 민수기 21장 9절에서 하나님은 모세에게 놋뱀을 만들어 장대 위에 매달라고 하십니다. 성경에서 뱀은 죄의 원흉, 놋은 하나님의 심판을 상징합니다. 즉 모세가 광야에서 뱀을 든 모습은 하나님의 저주와 심판과 처참한 진노 아래 예수 그리스도가 죽어 넘어진 모습을 뜻합니다. 그러므로 '이처럼'은 14절과 연관 지어 생각해 보면 모세가 광야에서 뱀을 든 것처럼 독생자를 주셨다는 뜻으로 이해됩니다.

하나님이 우리를 사랑하셔서 하신 일이 무엇입니까. 우리를 구원하시기 위해 어떤 희생이나 대가도 감수하셨다는 것입니다. 하나님이 사랑하시는 독생자 예수 그리스도를 저주의 나무에 달아매셨습니다. 하나님이 우리를 사랑하시기 때문에 이루시려는 일은 이미 이루어진 것입니다. 이것이 요한복음 3장 16절이 의미하는 복음입니다.

하나님의 사랑에 조건이 있다고 생각한다면 성경이 말하는 사랑을 오해하는 것입니다. 우리의 반응이 조건이라면 구원은 우리의 반응 여하에 따라 주어질 수도 있고 주어지지 않을 수도 있는 것이 됩니다. 그러나 하나님은 우리를 반드시 구원하시려고 예수 그리스도를 보내셨습니다. 예수 그리스도는 우리의 죗값을 대신하여 죽으셨고 하나님은 우리를 소유로 삼기 위해 이미 대가를 치르셨습니다. 이것이 요한복음 3장 16절이 의미하는 하나님의 사랑입니다.

조건 없는 하나님의 사랑

우리 마음속은 지금 내가 이런 꼴인데도 이런 실수를 반복하는데도 하나님이 과연 나를 사랑하실까 하는 의문으로 가득합니다. 왜 자꾸 이렇게 생각할까요? 사랑받을 만한 조건이 충족되어야 하나님이 우리를 사랑하실 것이라고 생각하기 때문입니다. 스스로 정한 나름의 조건을 하나님의 사랑에 덧붙이기 때문입니다. 이것은 우리의 오해입니다.

진정한 사랑은 조건을 요구하지 않습니다. 인간관계에서도 마찬가지입니다. 사랑하게 되면 필요하다고 생각해 왔던 조건이 상관없어집니다. 키가 작으면 작은 대로 야무져 보이고 키가 크면 큰 대로 훤칠해 보이고 마르면 마른 대로 경쾌해 보이고 뚱뚱하면 뚱뚱한 대로 듬직해 보입니다. 사랑에는 조건을 붙일 수가 없습니다.

그런데도 우리는 하나님의 사랑으로 그분의 자녀가 되었다는 사실을 대할 때면 늘 우리 나름대로 정한 조건을 떠올립니다. 그러고는 우리의 조건을 하나님의 사랑과 연관 지으려 합니다. 그래서 항상 불안합니다. 그러지 않아도 됩니다. 그럴 필요가 없습니다. 이미 우리는 사랑을 받고 있습니다.

결혼을 하면 남편이나 아내가 누구인지에 따라 삶이 달라집니다. 하나님과 우리의 관계가 바로 그렇습니다. 더 나아가 하나님이 우리의 남편일 뿐만 아니라 아버지라고 하시니 하나님과 우리는 절대 분리될 수 없는 관계입니다.

사람들은 이 문제를 늘 혼동합니다. 조건을 갖췄는지 따지느라 구원의 토대가 흔들려서 하나님의 자녀라는 신분에 걸맞은 것들을 놓치며 삽니다. 우리가 무엇을 내놓아야만 하나님의 사랑이 완성된다고 생각한다면 하나님을 남편이나 아버지가 아니라 동업자로 여기는 것에 불과합니다.

파리는 하루에 얼마나 멀리 날아갈 수 있을까요? 열심히 날아도 고작 자기 주변이나 맴돌 뿐입니다. 그런데 어떤 파리는 하루에 몇 번이나 부산을 왕복할 수 있습니다. 어떻게 그럴 수 있을까요? 부산 가는 KTX를 탔기 때문입니다.

우리도 마찬가지입니다. 우리는 하나님의 소중한 사랑을 힘입어 그분의 자녀가 되었습니다. 우리는 인생에 무슨 일이 벌어져도 천지를 지으신 하나님의 자녀이기 때문에 그분의 기업을 이을 자들입니다. 그 자리가 면목 없고 겸연쩍더라도 천국의 소망이 취소될 수 없는 자들입니다. 이런 자신감의 근거는 천지를 지으신 하나님이 우리를 사랑하신다는 사실에 있습니다. 천지를 지으신 하나님이 나를 사랑하신 까닭으로 예수 그리스도를 못 박으셨습니다.

나를 사랑하시는 하나님은 천지를 지으신 분이며 그분이 나를 위해 자기 아들을 내어 주셨다는 사실이야말로 모든 신앙인의 근거이자 힘의 원천이 됩니다. 그래서 우리는 어떤 일을 당해도 담대히 맞설 수 있는 복을 누리게 되었습니다. 사도 바울은 로마서 8장에서 우리의 신분에 대해 이렇게 서술합니다.

> 그런즉 이 일에 대하여 우리가 무슨 말 하리요 만일 하나님이 우리를 위하시면 누가 우리를 대적하리요 자기 아들을 아끼지 아니하시고 우리 모든 사람을 위하여 내주신 이가 어찌 그 아들과 함께 모든 것을 우리에게 주시지 아니하겠느냐 (롬 8:31-32)

하나님이 어느 정도로 우리 편을 드십니까. 그의 아들을 우리의 좃값으로 줄지언정, 다시 말해 예수 그리스도를 저주할지언정 우리는 저주하지 않겠다고 하십니다. 독생자를 죽음에 내어놓을망정 우리는 죽음에 내어놓지 않겠다고 하십니다. 그런 하나님이 있는데 감히 누가 우리를 대적하겠습니까. 예수 그리스도를 버릴지라도 우리를 버리지 않겠다고 하시는 그 사랑이 얼마나 기가 막힙니까.

> 누가 우리를 그리스도의 사랑에서 끊으리요 환난이나 곤고나 박해나 기근이나 적신이나 위험이나 칼이랴 (롬 8:35)

우리를 향한 하나님의 사랑은 전시용이 아닙니다. 이 사랑은 하나님의 집념입니다. 이루시기까지 멈추지 않는 의지이며 달성하실 때까지 쉬지 않는 정열입니다. 하나님의 사랑을 누가 감히 방해하며 차단할 수 있을까요. 우리를 향한 하나님의 사랑은 정말 기막힌 것입니다.

하나님이 시작하고 완성하시는 구원

우리가 스스로 하나님의 사랑에 보답했고 스스로 하나님을 믿었다는 식으로 생각한다면, 구원은 하나님으로부터 출발하는 것이 아니라 우리가 내놓는 결정과 권리로부터 출발하는 것이 됩니다. 그것은 은혜가 아닙니다. 성경이 말하는 구원이 아닙니다.

그런 생각이 잠재되어 있는 한 우리는 복음의 의미를 제대로 이해하지 못하고 늘 자기의 생활과 태도에 따라 요동하게 됩니다. 구원을 얻었다고 확신하는 날도 있고 얻지 못한 것 같아 불안해하는 날도 있을 것입니다. 물론 구원 얻은 자도 하나님 앞에서 떳떳한 날이 있고 떳떳하지 못한 날이 있습니다. 그러나 둘의 생각은 전혀 다른 근거에서 나오는 것입니다.

우리의 구원은 하나님이 시작하시고 하나님이 완성하시는 것입니다. 구원에 대해서는 하나님이 우리를 사랑하셨기 때문이라고밖에 달리 설명할 수가 없습니다. 하나님이 자격 없는 우리를 구원하셨다는 것을 설명하기 위해 성경은 '사랑'이라는 말을 쓰고 있습니다. 그런 구원이기에 나의 못난 모습에도 불구하고 구원은 취소되지 않습니다. 그래서 우리에게는 소망이 사라지지 않는 것입니다.

우리는 매일 회개할 수 있습니다. 잘못했다고 말할 거리가 늘 있습니다. 그런데 우리의 회개는 하나님 앞에 결재를 받아야 하는 회개가 아닙니다. 받아들여질 수밖에 없는 회개입니다. 이미 우리는 하나님의 자녀이고 그 자리를 벗어날 수가 없기 때문입니다. 우리는 하나님의 자녀로서 구원이 이미 확보되어 있고 그 운명은 취소될 수 없기 때문에 하나님의 자녀답게 아버지께로 돌아서는 것입니다.

하나님이 우리를 사랑하시기 때문에 우리는 그 손에서 벗어날 수 없습니다. 그 사랑 때문에 누구도 우리를 대적할 수 없습니다. 우리는 하나님의 자녀답게 하나님의 사랑을 힘입은 자답게 살 수 있습니다. 이 운명을 근거로 세상을 살 때에 나의 위치와 본분을 지킬 힘을 얻게 될 것입니다.

11

헤아릴 수 없는 사랑

16 하나님이 세상을 이처럼 사랑하사 독생자를 주셨으니 이는 그를 믿는 자마다 멸망하지 않고 영생을 얻게 하려 하심이라 **17** 하나님이 그 아들을 세상에 보내신 것은 세상을 심판하려 하심이 아니요 그로 말미암아 세상이 구원을 받게 하려 하심이라 **18** 그를 믿는 자는 심판을 받지 아니하는 것이요 믿지 아니하는 자는 하나님의 독생자의 이름을 믿지 아니하므로 벌써 심판을 받은 것이니라 (요 3:16–18)

하나님의 사랑의 크기

앞 장에서는 '사랑'이라는 단어와 하나님의 사랑이 어떠한 것인지 살펴보았습니다. 이 장에서는 하나님의 사랑이 얼마나 큰 것인지 살펴보겠습니다. 그 사랑의 크기를 헤아려 보면 우리가 하나님의 자녀라는 사실이 얼마나 놀라운 것인지 확인할 수 있습니다.

하나님은 우리를 사랑하십니다. 우리 죄를 사하시고 우리를 자녀로 삼기 위하여 예수 그리스도를 보내어 살이 찢기고 피가 흐르게 하셨습니다. 하나님은 그리스도를 조롱받게 하시며 가시관을 씌우시고 홍포를 입히시며 채찍에 맞아 피 흘려 죽게 하셨습니다. 하나님이 우리를 위해 그리스도를 십자가에 못 박으셨다는 이 엄청난 사실에 우리는 무엇과도 비교할 수 없는 하나님의 사랑을 실감합니다. 이 사랑이 얼마나 큰지에 관해서는 성경에 여러 증거가 있습니다. 그중 대표적인 것들을 살펴봅시다. 먼저 로마서 5장입니다.

> 우리가 아직 연약할 때에 기약대로 그리스도께서 경건하지 않은 자를 위하여 죽으셨도다 의인을 위하여 죽는 자가 쉽지 않고 선인을 위하여 용감히 죽는 자가 혹 있거니와 우리가 아직 죄인 되었을 때에 그리스도께서 우리를 위하여 죽으심으로 하나님께서 우리에 대한 자기의 사랑을 확증하셨느니라 (롬 5:6-8)

착하고 의로운 사람을 위해서라면 대신 죽을 수도 있습니다. 그러나 원수를 위해 죽는 사람은 없습니다. 원수를 갚으려다 죽을 수는 있어도 원수를 위해 죽을 수는 없습니다. 그런데 예수 그리스도는 원수 된 죄인을 위해 죽으셨습니다. 여기서 우리는 측량할 수 없을 만큼 큰 하나님의 사랑을 맞닥뜨리게 됩니다. 하나님의 사랑이 얼마나 큰 것인지 우리는 도무지 감을 잡을 수 없습니다. 예레미야 31장을 봅시다.

> 여호와의 말씀이니라 보라 날이 이르리니 내가 이스라엘 집과 유다 집에 새 언약을 맺으리라 이 언약은 내가 그들의 조상들의 손을 잡고 애굽 땅에서 인도하여 내던 날에 맺은 것과 같지 아니할 것은 내가 그들의 남편이 되었어도 그들이 내 언약을 깨뜨렸음이라 여호와의 말씀이니라 그러나 그 날 후에 내가 이스라엘 집과 맺을 언약은 이러하니 곧 내가 나의 법을 그들의 속에 두며 그들의 마음에 기록하여 나는 그들의 하나님이 되고 그들은 내 백성이 될 것이라 여호와의 말씀이니라 (렘 31:31-33)

새 언약과 옛 언약을 비교하고 있습니다. '나는 그들의 하나님이 되고 그들은 내 백성이 될 것이라'라는 점에서 옛 언약과 새 언약의 내용이 동일합니다. 옛 언약에서도 하나님은 남편처럼 이스라엘을 이끌었다고 합니다. 이보다 더 가깝고 친밀한 관계는 없습니다. 그런데도 이스라엘은 남편 되신 하나님의 인도를 따르지 않습니다. 우리 같으면 '내가 너희 남편이 되어 손을 잡고 인도했는데도 너희는 말을 듣지 않더라. 그러니 내가 너희를 벌할 수밖에 없지 않겠느냐? 너희에게 더 이상 할 말이 있느냐?'라고 할 것입니다. 그다음에는 저주하고 심판하면서 '너희는 이런 일을 당해도 마땅하다'라고 할 것입니다. 그러나 하나님은 이런 부정적인 방법 대신 긴밀한 관계를 다시 확인시키셔서 원래 뜻하셨던 일을 이루십니다.

하나님은 아브라함과 하신 약속을 기억하시고 그의 후손인 이스라엘을 열방 중에서 구별하여 하나님의 백성으로 만들어 내십니다. 한 번도 제대로 순종한 적 없는 백성들을 붙들고 나아가시는 것입니다. 그런데도 이스라엘은 늘 하나님을 배반했습니다. 사도행전 7장에 기록된 스데반의 설교를 봅시다.

> 목이 곧고 마음과 귀에 할례를 받지 못한 사람들아 너희도 너희 조상과 같이 항상 성령을 거스르는도다 너희 조상들이 선지자들 중의 누구를 박해하지 아니하였느냐 의인이 오시리라 예고한 자들을 그들이 죽였고 이제 너희는 그 의인을 잡아 준 자요 살인한 자가 되나니 너희는 천사가 전한 율법을 받고도 지키지 아니하였도다 하니라 (행 7:51-53)

스데반의 말은 이렇습니다. 너희가 한 번이라도 하나님의 말을 제대로 들은 적이 있느냐, 한 번이라도 하나님 마음에 맞게 행동한 적이 있느냐, 하나님이 보내 주신 선지자들에게 기쁜 마음으로 항복해 본 적이 있느냐, 너희는 톱으로 이사야를 죽이고 엘리야를 광야로 쫓아 버렸다, 그것도 모자라 그의 아들 예수 그리스도마저 십자가에 못 박아 죽이지 않았느냐, 라는 이야기입니다.

결론은 무엇일까요. 하나님이 그들을 버리셨습니까? 아닙니다. 하나님은 그들을 버리시지 않았습니다. 하나님은 여전히 그들을 붙들고 꾸짖고 책망하십니다. 그들을 돌아오게 하려고 정말로 아픈 길을 걷게 하십니다. 그러나 그것은 저주나 심판이 아닙니다.

구약의 사건에는 인간의 부패함이 가득합니다. 구약성경을 읽을 때마다 우리는 '아니, 어쩌면 사람들이 이럴 수가 있을까?' 하고 충격을 받습니다. 그러나 인간의 부패함보다 더 놀라운 것은 그런 사람들에게 끊임없이 찾아오시고 다시 말씀하시는 하나님입니다. 인내하시고 더 깊은 마음으로 다시 시작하시는 하나님의 사랑입니다.

요한복음 3장에도 기록되어 있습니다. "하나님이 그 아들을 세상에 보내신 것은 세상을 심판하려 하심이 아니요 그로 말미암아 세상이 구원을 받게 하려 하심이라"(요 3:17). 앞에 나온 역사적 배경과 함께 이해할 때 이 말씀이 얼마나 무서운 말씀인지 알게 됩니다. 심판과 저주의 차원에서 무섭다고 하는 것이 아닙니다. 도무지 가늠할 수 없는 하나님의 사랑을 대하기 때문에 무서운 것입니다.

이스라엘 백성들은 하나님이 수없이 보내 주신 선지자들의 말을 듣지 않고 물리쳤습니다. 그들에게 남은 것이라곤 정수리부터 발끝까지 얻어맞은 온 몸의 상처뿐이었습니다. 그런데도 회개하지 않아 앗수르에 팔렸고 바벨론에 팔렸습니다. 그런 사람들인데도 하나님은 구원하시기 위하여 아들을 보내 주셨습니다. 이것이 하나님의 사랑입니다.

하나님의 사랑에 대한 오해

하나님이 지으시고 택하셔서 그분의 자녀가 된 사람은 그리스도 안에서 구원을 얻습니다. 그러므로 하나님 앞에서 도망갈 자가 없고 실패할 자가 없습니다. 그런데 이렇게 말하면 지옥에 가는 사람은 그 사랑을 받지 못하고 창세전에 지옥에 가도록 지음 받았는가 하는 질문이 꼭 나옵니다. 하나님이 정말 그토록 집요하게 한없는 사랑을 베푸시는 분이라면 지옥은 왜 만드셨냐는 것입니다.

지옥에 가는 이유는 무엇일까요? 요한복음 3장 18절은 "그를 믿는 자는 심판을 받지 아니하는 것이요 믿지 아니하는 자는 하나님의 독생자의 이름을 믿지 아니하므로 벌써 심판을 받은 것이니라"라고 답합니다. 지옥에 가는 것은 예수를 믿지 않았기 때문입니다. 우리는 이 말씀을 읽고 구원 얻은 사람은 하나님의 사랑 때문이고 지옥에 가는 사람은 예수를 믿지 않은 자신의 책임 때문이라고 정리합니다. 그러고는 여전히 불편해합니다. 하나님의 사랑이 그렇게 크다는데 어떻게 믿지 않아 지옥에 가는 사람이 있는가 하고 생각하는 것입니다. 그러나 성경이 구원받은 자에 대해 이야기할 때 하나님의 사랑과 예정하심을 도입하여 설명한다고 해서 그 반대의 경우는 하나님의 사랑과 예정하심이 없다고 생각한다면 신앙을 전혀 모르는 것입니다.

성경은 구원받은 자들에 관해 설명할 때에만 하나님의 사랑과 예정하심을 이야기합니다. 구원받지 못하고 심판받는 자들에 관해 설명할 때에는 하나님의 사랑과 예정하심이 없다고 이야기하지 않고 그들이 믿지 않았다고 합니다. 구원받은 우리는 믿음으로 반응하면 됩니다. 논리적으로 이치를 따지는 것은 우리 몫이 아닙니다. 하나님이 우리를 그렇게 사랑하시니 우리는 믿으면 된다고 성경은 가르칩니다. 우리는 하나님의 놀라운 사랑만 생각하면 되고 예수를 믿으면 천국에 가고 안 믿으면 지옥에 간다는 말씀만 받아들이면 됩니다. 하나님의 사랑이 없거나 부족해서 지옥에 가는 것이 아닙니다. 그런데도 사람들은 하나님의 사랑에 대해 이야기할 때 하나님이 지옥을 만드신 이유와 지옥에 가는 사람이 있는지에 대해 궁금해 합니다. 이런 식의 접근은 성경을 잘못 대하는 것입니다. 성경은 그런 식의 질문에 답하지 않습니다.

성경을 자세히 읽다 보면 모순처럼 느껴지는 대목들이 있습니다. 예를 들어 선악과 사건이 그렇습니다. 하나님은 에덴동산에서 아담과 하와가 선악과를 따먹을 줄 분명히 아셨을 텐데 왜 그런 나무를 만드셨을까, 왜 그런 나무를 만들어 놓으셔서 인간이 선악과를 따먹는 죄를 짓게 하셨을까, 하고 생각할 수 있습니다. 이런 맥락에서는 아담과 하와의 죄가 하나님의 책임이라고 해도 틀리지 않을 것 같습니다. 사탄의 존재도 그렇습니다. 사탄도 하나님이 허락했기 때문에 사탄이 된 것이라고 생각하는 것입니다. 만약 사탄이 되려고 할 때 정신이 번쩍 들도록 충격을 주셨더라면 사탄이 되었겠냐는 것입니다. 아니면 하나님에게 약점이 있기 때문에 반란하는 자가 있었던 것인지 물을 수도 있습니다. 이렇게 묻는다면 무엇이라고 대답할 수 있을까요. 설명할 말이 없습니다. 그런데 이런 질문을 하는 사람에게 한 가지 물어볼 말이 있습니다. 정말 하나님이 그런 분이라면 믿지 않겠습니까?

이해보다 큰 믿음

만약 우리 눈에 비치는 하나님의 모습에 모순이 있고 그분에게 약점이 발견된다면 하나님 믿는 것을 중단하겠습니까? 중요한 질문을 하나 더 하겠습니다. 우리가 지금의 자리에 오게 된 것은 하나님을 이해했기 때문입니까, 하나님에게 항복했기 때문입니까? 우리는 하나님에게 항복해서 이 자리에 와 있는 사람들입니다. 우리가 성경을 배우고 성경에 대해 이야기하는 것은 하나님 말씀이기 때문입니다. 우리는 성경 말씀의 정당성을 따져 하나님을 믿게 된 것이 아닙니다. 하나님을 믿기 때문에 성경을 읽는 것입니다. 하나님의 말씀을 듣다 보면 연결이 안 되는 것 같아 이해되지 않을 때가 있습니다. 그래도 하나님 말씀이니 무조건 믿습니다. 신자는 하나님 말씀이라면 무조건 믿기로 항복한 사람들입니다.

우리는 지식 일변도의 시대에 살고 있습니다. 또 과학 만능의 시대에 살고 있습니다. 그래서 성경 말씀도 가능한 한 이론적으로 정연하게 만들고 싶어 합니다. 그러나 하나님 말씀은 이론이 정연하다고 해서 믿어지는 것이 아닙니다.

하나님은 경배의 대상입니다. 우리가 항복할 대상입니다. 우리가 신뢰할 분이지 이해할 분이 아닙니다. 우리가 낳은 자식도 다 이해하지 못하는데 어떻게 그분을 다 이해할 수 있겠습니까. 자식은 나와 똑같은 인간인데도 이해하지 못하는 구석이 많습니다. 하물며 세상을 지으신 하나님이시며 우리를 지으신 하나님을 우리가 어떻게 다 이해할 수 있겠습니까.

우리는 하나님이 논리적으로 설명되는 분이라서 믿는 것이 아닙니다. 우리는 하나님을 알 뿐입니다. 하나님이 누구신지 내 영이 알 뿐입니다. 그래서 설명할 수 없습니다. 이해하지 못하고 설명할 수 없어도 '안 믿는 자리보다는 믿는 자리에 서겠습니다'라고 말할 뿐입니다. 자꾸 하나님을 논리적으로 설명해 내려는 욕심 때문에 하나님이 손해를 보신다는 것을 알면 더 이상 나의 논리를 고집하려 하지 않을 것입니다. 하나님이 모순적이라는 생각이 들어도 그 모순을 그대로 묵인하겠다며 항복하는 사람이 신자입니다.

우리가 하나님의 큰 사랑에 감격하는 이유는 하나님을 이해했기 때문이 아니라 그분을 알게 되었기 때문입니다. 하나님이 이렇게 큰 사랑으로 다가오시는데도 왜 어떤 사람들은 예수를 믿지 않는지 우리는 잘 모릅니다. 그러나 믿게 된 우리는 항복할 뿐입니다. 이것은 예수를 믿는 모든 사람에게 중요한 신앙고백입니다. 이 사실을 기억해 스스로가 만든 올무에 걸리지 않고 성경이 말하는 하나님을 알아 갈 수 있기를 바랍니다.

12

이미 승리하신 하나님의 싸움

16 하나님이 세상을 이처럼 사랑하사 독생자를 주셨으니 이는 그를 믿는 자마다 멸망하지 않고 영생을 얻게 하려 하심이라 17 하나님이 그 아들을 세상에 보내신 것은 세상을 심판하려 하심이 아니요 그로 말미암아 세상이 구원을 받게 하려 하심이라 18 그를 믿는 자는 심판을 받지 아니하는 것이요 믿지 아니하는 자는 하나님의 독생자의 이름을 믿지 아니하므로 벌써 심판을 받은 것이니라 19 그 정죄는 이것이니 곧 빛이 세상에 왔으되 사람들이 자기 행위가 악하므로 빛보다 어둠을 더 사랑한 것이니라 20 악을 행하는 자마다 빛을 미워하여 빛으로 오지 아니하나니 이는 그 행위가 드러날까 함이요 21 진리를 따르는 자는 빛으로 오나니 이는 그 행위가 하나님 안에서 행한 것임을 나타내려 함이라 하시니라 (요 3:16–21)

내가 너를 보낸 증거니라

본문에는 두 가지 이야기가 담겨 있습니다. 하나님이 우리를 어떻게 사랑하셨는지에 대한 것과 믿는 자와 믿지 않는 자의 결말이 어떻게 다른지에 대한 것입니다. 그래서 본문의 이야기를 따라가다 보면 하나님이 우리를 위해서 하실 일을 다 하셨으니 남은 것은 우리의 선택뿐이라는 생각이 듭니다. 20절과 21절을 보면, 악을 행하여 빛으로 오지 아니하는 부류와 진리를 따르기에 빛으로 오는 부류가 대비되고 있습니다. 이 대비되는 두 운명 앞에서 우리는 선택을 해야 한다고 생각합니다. '네가 이렇게 하면 이렇게 되고, 저렇게 하면 저렇게 되리라' 하는 식으로 이 말씀을 읽는 것입니다.

    이렇게 읽는 것은 우리에게 매우 익숙한 방식이기는 하지만 이런 식으로 본문을 읽으면 이 말씀의 의미를 제대로 깨닫지 못하게 됩니다. 사실 성경에는 이런 식으로 우리가 오해할 만한 표현들이 많습니다. 그래서 우리에게 익숙한 방식대로 읽다가 성경을 잘못 이해하지 않도록 주의를 기울여야 합니다.

출애굽기 3장을 보면 하나님이 노예로 살던 이스라엘 백성을 애굽에서 건져 내기 위하여 모세를 부르시는 장면이 나옵니다. 이 대목에서 모세와 하나님의 대화가 길어집니다. 하나님이 모세에게 가라고 명하시는데 모세가 쉽게 '네'라고 대답하지 않기 때문입니다.

> 모세가 하나님께 아뢰되 내가 누구이기에 바로에게 가며 이스라엘 자손을 애굽에서 인도하여 내리이까 하나님이 이르시되 내가 반드시 너와 함께 있으리라 네가 그 백성을 애굽에서 인도하여 낸 후에 너희가 이 산에서 하나님을 섬기리니 이것이 내가 너를 보낸 증거니라 (출 3:11-12)

모세는 이 부름을 받기 40년 전에 하나님을 향하여 열심을 품었던 적이 있습니다. 동족인 이스라엘 백성이 애굽 사람에게 고난당하는 것을 보고 애굽 사람을 쳐 죽인 일입니다. 모세는 그 일로 목숨이 위태로워져서 애굽을 떠나야 했습니다. 그때 하나님이 나타나셔서 모세 편을 들어주셨더라면 모세는 미디안 광야로 도망 나와 40년이나 되는 세월을 양치기 노릇이나 하며 보내지 않았을 것입니다. 모세는 그 일 때문에 하나님에 대한 마음이 내내 편치 않았을 것입니다. "하나님! 제가 하나님 앞에 열심히 헌신하려고 했을 때는 함께해 주시지 않았습니다. 그러셨던 분이 왜 제가 다 늙은 지금에야 오셔서 가라고 하십니까? 이제 제 나이는 팔십입니다."

모세의 말에 하나님은 별로 믿을 만한 분이 아니라는 생각이 담겨 있습니다. "왜 제가 하나님의 명령을 듣고 가야 합니까? 하나님이 정말 제 편을 들어 주실지 확신할 수가 없습니다. 제가 하나님의 명령대로 바로 왕에게 가서 백성을 내놓으라고 했을 때 하나님이 또 모른 척하실지 어떻게 압니까? 젊었을 때는 도망이라도 했지만 이제는 나이가 많아서 도망할 힘도 없습니다." 이렇게 말하고 있는 것입니다.

하나님은 모세의 말에 어떻게 답하셔야 할까요. 모세가 불안해한다면 "하늘을 우러러보아라!" 정도로는 말씀해 주셔야 하지 않을까요. 그래서 모세가 하늘을 우러러보면 하늘에서 "모세야, 힘내라!" 하는 소리가 들리든지 모세를 안심시키는 글자가 나타나든지 해야 할 것 아닙니까? 그런데 하나님의 답은 무엇입니까. "내가 반드시 너와 함께 있으리라 네가 그 백성을 애굽에서 인도하여 낸 후에 너희가 이 산에서 하나님을 섬기리니 이것이 내가 너를 보낸 증거니라"라고 말씀하십니다. 하나님의 말씀이 이상스럽습니다. 모세를 격려하거나 그에게 징조를 보여 주시지 않고 결과만을 말씀하시니 말입니다.

일기예보에서 "내일 아침 10시부터 비가 쏟아질 것입니다. 그러니 우산을 들고 외출하십시오"라고 했다고 합시다. 우리는 "그걸 어떻게 압니까?" 하고 물을 수 있습니다. 그러면 보통 이렇게 답합니다. "위성사진을 보니 비구름이 서쪽에서 몰려오고 있습니다. 그러니 내일이면 비가 올 것입니다." 일기예보란 그렇게 하는 것입니다. 그런데 그 질문에 이렇게 답한다고 합시다. "당신은 내일 외출했을 때 틀림없이 비를 흠뻑 맞을 것입니다." 이런 말은 우리가 기대하는 대답이 아닙니다. 하나님이 이렇게 말씀하시고 있습니다.

모세가 원한 것은 일어날 일에 대한 확실한 징조였습니다. 그런 징조가 있어야 바로의 마음과 이스라엘 백성의 마음을 움직일 수 있다고 생각했던 것입니다. 그러나 하나님이 보여 주신 것은 징조가 아니라 일의 결과입니다. 모세는 "하나님이 일을 이루실 것을 어떻게 압니까?"라고 징조를 구하고 있는데 하나님은 "네가 가서 내 백성을 인도해 내어 이 산에 와서 나에게 경배할 것이니라"라고 하시며 앞으로 일어날 일의 결과를 말씀하십니다. 결과를 보고 이루어질 일을 확신할 수 있다는 것입니다. 하나님은 늘 그렇게 말씀하십니다.

이미 내려진 결론

이런 식의 말씀은 이사야 37장에서도 볼 수 있습니다. 앗수르 왕 산헤립이 유다 왕 히스기야를 치러 옵니다. 산헤립은 그의 군대 장관 랍사게를 먼저 보냅니다. 랍사게는 군대로 예루살렘 성을 포위한 후 유다를 향한 조소를 퍼붓습니다. 예루살렘 사람들은 빠져나갈 수 없는 곤경에 처합니다. 그때 하나님이 이사야를 통해 말씀하십니다. 이사야 37장 30절을 봅시다.

> 왕이여 이것이 왕에게 징조가 되리니 올해는 스스로 난 것을 먹을 것이요 둘째 해에는 또 거기에서 난 것을 먹을 것이요 셋째 해에는 심고 거두며 포도나무를 심고 그 열매를 먹을 것이니이다
>
> (사 37:30)

히스기야는 당장 내일이라도 산헤립과 싸워야 합니다. 싸움에서 지면 남자들은 죽거나 노예로 끌려가고 부녀자들도 종으로 잡혀가야 하는 상황입니다. 이런 때에 하나님은 "너희가 너희 땅에서 난 것을 먹을 것이다. 너희가 씨 뿌리고 추수할 것이다"라고 하십니다.

이런 것들은 전쟁에서 이겨야만 이루어질 수 있는 일들입니다. 전쟁에서 진다면 생각할 수도 없는 일입니다. 지금 예루살렘 사람들에게 가장 중요한 것은 어떻게 해야 앗수르의 포위와 위협으로부터 견딜 수 있는가, 어떻게 해야 지금 닥친 싸움에서 이길 수 있는가 하는 문제였을 것입니다. 사람들은 이길 수 있는 방법을 알고 싶었을 텐데 하나님은 전쟁에서 이기면 펼쳐질 일들만 이야기하십니다. 승리 후에 생길 결과만 말씀하시고 있습니다.

하나님은 지금 "이것을 믿으면 내가 너희를 승리하게 하리라" 하고 말씀하시지 않습니다. "너희가 싸움에서 이길 것이니 이기기 위해서는 이렇게 해라" 하는 식으로 조건을 내거시지도 않습니다. 다만 싸움에서 이기고 난 다음에 생기는 결과에 대해서만 말씀하십니다. 하나님은 왜 이렇게 하실까요. 다시 출애굽기 3장을 봅시다.

> 모세가 하나님께 아뢰되 내가 누구이기에 바로에게 가며 이스라엘 자손을 애굽에서 인도하여 내리이까 (출 3:11)

이런 질문에 하나님이 무엇이라고 답하시면 좋겠습니까. 우리는 '모세야, 가거라. 너는 지혜롭고 담대한 사람이니 이스라엘 자손을 인도할 수 있을 것이다'와 같은 답을 기대합니다. 그러나 하나님은 12절에서 '내가 반드시 너와 함께 있으리라 네가 그 백성을 애굽에서 인도하여 낸 후에 너희가 이 산에서 하나님을 섬기리니 이것이 내가 너를 보낸 증거니라'라고 말씀하십니다. 무엇이 전제되어 있는 답일까요? 백성들이 이 산에 올 것이라는 말씀은 애굽과의 전쟁에서 승리할 것을 전제하는 것입니다. 그러니 하나님의 답에는 '내가 함께 있을 것이니 너는 이길 것이다. 네가 부름 받은 이 싸움은 내가 할 싸움이니 너희는 당연히 이길 것이다'라는 의미가 담겨 있는 것입니다. 이런 식의 말씀은 앞서 살펴본 이사야 37장에서도 찾을 수 있습니다.

> 왕이여 이것이 왕에게 징조가 되리니 올해는 스스로 난 것을 먹을 것이요 둘째 해에는 또 거기에서 난 것을 먹을 것이요 셋째 해에는 심고 거두며 포도나무를 심고 그 열매를 먹을 것이니이다 유다 족속 중에 피하여 남은 자는 다시 아래로 뿌리를 박고 위로 열매를 맺으리니 이는 남은 자가 예루살렘에서 나오며 피하는 자가 시온 산에서 나올 것임이라 만군의 여호와의 열심이 이를 이루시리이다 (사 37:30–32)

예루살렘이 앗수르 군대를 이길 것이라는 근거가 무엇입니까. 하나님의 열심입니다. 승리의 가장 확실한 근거는 하나님이 그 싸움을 하신다는 데 있습니다. 하나님은 걱정하고 있는 왕에게 싸움에서 이기기 위해 해야 할 것은 무엇이며 하나님이 어떻게 하실 것인지에 대해 말씀하시지 않습니다. 대신 싸움이 끝나고 난 다음에 백성에게 일어날 결과만을 말씀하십니다. 우리는 눈앞의 싸움이 시급해 싸움에만 관심을 가지고 승리의 확신을 얻는 데에 급급한데, 하하나님은 그 점에 대해 말씀하시지 않습니다. 전쟁에 대해서는 잠잠하시고 승리했을 때 일어날 복된 결과만을 앞당겨 선언하십니다.

지금까지 살펴본 사건들에서 흥미로운 점을 발견할 수 있습니다. 출애굽기 3장의 말씀은 무슨 뜻입니까. 이스라엘 백성 편에서 보면 그들은 모세가 하나님의 보내심을 받았는지조차 모릅니다. 그러나 하나님 편에서는 모세를 보내는 것은 백성들이 이미 시내산에서 하나님을 찬송하고 있는 것과 마찬가지입니다. 모세가 가기도 전에 결론은 이미 내려져 있습니다. '내가 반드시 너와 함께 있으리라. 내가 이 백성을 애굽에서 이끌어 너희가 이 산 위에서 나를 경배할 것이다. 이것이 내가 너를 보낸 증거니라'라는 하나님의 말씀은 '내가 이 일을 이루고야 말 것이다. 그렇게 되도록 할 것이다. 네가 어떻게 반응하든 애굽이 어떻게 나오든 백성들이 반응을 하든 안 하든 나는 이 일을 계속하겠다'라는 말씀입니다.

이사야 37장에서도 마찬가지입니다. 백성들이 당면한 전쟁에 대해서는 아무 언급이 없습니다. 하나님은 예언의 말씀을 듣는 자들이 밭에서 추수한 것을 먹게 될 것이라는 말씀만 하십니다. 당연히 이것은 전쟁에서 승리해야만 가능한 일입니다.

구원은 하나님의 싸움

모세가 맞닥뜨린 이스라엘의 현실과 히스기야가 직면한 전쟁에 대한 하나님의 말씀을 이해한다면 요한복음 3장의 말씀도 이해할 수 있을 것입니다. "하나님이 세상을 이처럼 사랑하사 독생자를 주셨으니 이는 그를 믿는 자마다 멸망하지 않고 영생을 얻게 하려 하심이라"(요 3:16). 믿는 자가 영생을 얻는 일은 하나님이 행하셔서 생겨난 결과를 가리킵니다. 하나님이 모세와 히스기야 앞에서 말씀하셨듯이 말입니다. '내가 승리하여 너희는 멸망하지 않고 영생을 얻게 되었다'라는 뜻입니다. 하나님이 이미 이 싸움터에 오셔서 승리하신 것입니다. 그러니 이 말씀을 '네가 내 편을 들면 너를 구원하리라. 내 편을 들지 않으면 너를 지게 하리라'라는 식으로 읽어서는 안 됩니다. 예수를 믿으면 전쟁에서 이기게 하겠고 믿지 않으면 지게 하겠다는 것이 아닙니다.

성경이 말하는 싸움에는 두 종류가 있습니다. 하나님이 친히 하시는 싸움과 우리가 할 싸움입니다. 하나님이 하시는 싸움은 우리를 대신해 하시는 것으로 우리는 그 싸움의 결과만 누리면 됩니다. 우리가 하나님의 자녀가 되는 일이 그런 싸움에 해당합니다. 이런 싸움의 예가 구약에 자주 나옵니다.

출애굽 사건에서 이스라엘 백성들이 홍해를 건널 때의 일입니다. 출애굽기 14장을 보면 모세가 이스라엘 백성에게 이렇게 말합니다. "너희는 가만히 서서 여호와께서 오늘 너희를 위하여 행하시는 구원을 보아라. 여호와께서 너희를 위해 싸우시리니 너희는 가만히 있을지니라." 이스라엘이 해야 할 것은 여호와의 싸움을 잠잠히 지켜보는 일뿐입니다.

우리는 하나님의 자녀가 되기 위해 싸울 필요가 없습니다. 싸움을 할지 말지 선택할 수조차 없습니다. 우리가 하나님의 자녀가 되는 일에서는 언제나 하나님이 직접 싸우십니다. 하나님이 사탄을 쳐 엎으시고 죄를 들어 던지시며 죗값을 해결하실 때 우리는 가만히 있기만 하면 됩니다. 구원에 관한 싸움인 이상 그것은 언제나 하나님의 싸움입니다.

한편, 우리가 해야 하는 싸움도 있습니다. 구원 자체에 관한 것은 하나님의 싸움입니다. 그러나 구원받은 자로서 감당해야 할 싸움이 우리에게 주어져 있습니다. 우리가 해야 할 싸움은 하나님의 자녀가 된 다음의 문제로 구원받은 백성이 하나님의 자녀답게 사는 문제에 관한 것입니다. 성경에 이런 대목이 얼마나 많이 나옵니까. '너희가 나를 믿고 의지하면 언제나 전쟁에서 이길 것이지만 너희가 나를 외면하고 배반하면 너희 땅에 기근과 염병과 전쟁이 그치지 않으며 너희는 포로가 되며 사로잡히고 망하리라.'

이것이 우리가 해야 할 싸움입니다. 하나님의 자녀가 된 다음에 하나님 편에 서느냐 마느냐에 관한 싸움입니다. 자녀니까 아버지로부터 "넌 내 자녀니라. 그런데 왜 자녀답게 살지 못하느냐"라는 책망을 받으며 계속 이 싸움을 하는 것입니다.

요한복음 3장 16절은 우리가 하는 싸움에 관한 것이 아닙니다. 하나님이 하시는 싸움을 말하는 것입니다. 요한복음 1장은 우리가 하나님에 대해 전혀 생각하지 못하던 자들이라고 지적합니다. 생명과 진리의 하나님에 대하여 생각할 수조차 없는 죄인이었다는 것입니다. 우리는 영적으로 죽은 시체였습니다. 그래서 빛이 세상에 올 때 그 빛을 증거할 사람이 필요했습니다. "진리를 따르는 자는 빛으로 오나니 이는 그 행위가 하나님 안에서 행한 것임을 나타내려 함이라 하시니라"(요 3:21). 여기에 '진리를 따르는 자는 빛으로' 온다고 해서 구원이 우리의 선택에 따른 것이라고 이해해서는 안 됩니다. '빛으로 가자. 진리를 따르자'라고 해서 구원을 얻을 수는 없습니다.

이사야를 통해 하신 말씀이 그것입니다. '너희가 심은 곡식의 열매를 먹으리라'라는 말이 무슨 뜻입니까. 곡식을 심고 거두어 먹는 것은 적에게 나라를 빼앗기지 않을 때에만 가능한 일입니다. 전쟁에서 지면 가진 걸 전부 빼앗겨 곡식을 심을 일도 거둘 일도 없습니다. 그러니 이 예언의 말씀은 하나님으로 말미암아 전쟁에서 얻게 될 승리를 전제하는 것입니다. '심으라 그러면 거두리라. 믿으라 그러면 구원을 얻으리라'라고 말하려는 것이 아닙니다. 그 전쟁은 오로지 하나님에게 속한 것이라고 말하는 것입니다.

'하나님이 세상을 이처럼 사랑하사 독생자를 주셨다. 하나님이 그 아들을 세상에 보내셨다' 하는 말씀도 '자, 나는 내 아들까지 내놓았는데 너는 나를 위해 무엇을 내놓을 것이냐? 믿을 테냐, 믿지 않을 테냐?' 하고 우리에게 선택하라는 말씀이 아닙니다. 예수 그리스도는 우리를 대신하여 싸우기 위해 오셨습니다. 하나님이 그 아들을 세상에 보내신 것은 죽이러 보내신 것이지 우리더러 그를 선택하라고 보내신 것이 아닙니다.

하나님의 선택과 우리의 결정

하나님은 죄에 속박된 우리를 구하기 위해 싸우십니다. 예수 그리스도를 통해 원수와 싸우시며 사망을 깨뜨리십니다. 그렇게 하여 우리를 부활 생명 가운데로 부르십니다. 우리는 그 싸움에 부름 받은 적도 없고 참여한 적도 없습니다. 물론 그 싸움을 위해 내놓은 것도 없습니다. 우리는 하나님이 그 전쟁에서 승리하심으로 복된 자리에 초대된 것입니다.

모세와 히스기야 왕은 그들 자신의 힘으로 이긴 것이 아니었습니다. 승리하신 분은 하나님이고 그들은 결과를 누릴 뿐이었습니다. 요한복음 3장 16절이 바로 그 이야기입니다. 우리는 구원에 대해 우리가 싸울 필요 없이 결과만 누리면 됩니다. 그런데도 늘 구원에 대해 하나님의 사랑의 승리냐, 인간의 결정이냐 하며 혼동합니다.

믿어서 구원을 얻었다는 말은 우리의 경험을 나타낼 뿐입니다. 이것이 전부라고 생각하면 안 됩니다. 성경이 이 문제에 대해 장황할 정도로 반복해서 설명하는 이유가 여기에 있습니다. 내가 믿어서 구원을 얻고 내가 잘해서 하나님 앞에 떳떳한 사람이 되었다고 생각한다면 승리를 스스로 만들어 냈다고 생각하는 것입니다. 그렇게 얻은 승리라면 승리를 유지하는 일도 자신에게 달린 일일 것입니다. 그러면 자신에 대한 확신이 흔들리는 날에는 구원의 확신도 흔들릴 수밖에 없습니다.

우리가 이 자리에 들어와 있는 것은 하나님의 은혜요, 하나님의 집념의 결과라는 사실을 기억해야 합니다. 하나님은 우리를 향한 사랑과 구원에 대한 집념으로 하나님의 일을 결국 성취하시고야 맙니다. 이것을 기억하면 나 자신에게 희망이 없게 느껴질 때에도 힘이 납니다. 지금보다 더 희망이 없을 때에도 견딜 수 있습니다. 하나님이 나를 위하여 예수 그리스도를 찢고 꺾어 피 흘리게 해 내 죄를 대속하셨다는 사실을 알기 때문입니다.

지금 우리의 모습이 아무리 엉망일지라도 이전에 예수를 믿지 않았을 때만큼 엉망일 수는 없습니다. 그래도 지금은 죄를 지으면 아파하는 양심이라도 있지 않습니까. 그때는 그것마저도 없을 때였습니다. 그런 때에 하나님이 우리를 위하여 예수 그리스도를 골고다 십자가에 못 박으셨습니다. 조롱과 아픔과 처절한 일을 당하게 하셨습니다. 여기서 우리가 받은 구원과 하나님의 사랑에 대한 확신이 생겨나는 것입니다.

아마도 하늘나라 정문 앞에 가면 이런 문구가 크게 쓰여 있을 것입니다. '누구든지 주를 믿는 자는 들어오라.' 그래서 우리는 들어갈 것입니다. 그런데 들어가서 뒤돌아보면 '하나님이 택하신 자만'이라고 쓰여 있을 것입니다. 지금 우리의 생각으로는 이해할 수 없는 수수께끼입니다.

하나님의 선택과 우리의 결정, 이 둘은 충돌하거나 모순되지 않습니다. 먼저 하나님이 하시는 일이고 또 하나님이 우리로 하여금 하게 하시는 일입니다. 하나님이 사랑과 집념으로 우리를 구원하셨습니다. 우리 또한 그 안에 초대받은 이후부터는 있는 힘을 다하여 하나님을 믿고 하나님에게 감사하며 헌신하게 됩니다. 그래도 구원이 어떻게 우리 같은 사람에게 주어졌는지 묻는다면 오직 하나님의 사랑 때문이라고 답할 수밖에 없습니다. 우리가 믿고 헌신하게 된 것은 그분이 나를 찾으셨기 때문입니다.

이제 우리는 힘을 낼 수 있고 우리의 삶을 자랑스러워 할 수도 있습니다. 이 모든 일을 이루시기까지 오늘도 열심히 일하시는 하나님의 손길이 있기 때문입니다. 하나님의 싸움이 우리의 승리와 자랑이 될 것입니다. 예수를 믿으십니까. 참 잘하셨습니다. 그것이 얼마나 큰 은총이며 기적인지를 기억하기 바랍니다.

13

예수가
흥하시는
길

22 그 후에 예수께서 제자들과 유대 땅으로 가서 거기 함께 유하시며 세례를 베푸시더라 **23** 요한도 살렘 가까운 애논에서 세례를 베푸니 거기 물이 많음이라 그러므로 사람들이 와서 세례를 받더라 **24** 요한이 아직 옥에 갇히지 아니하였더라 **25** 이에 요한의 제자 중에서 한 유대인과 더불어 정결예식에 대하여 변론이 되었더니 **26** 그들이 요한에게 가서 이르되 랍비여 선생님과 함께 요단 강 저편에 있던 이 곧 선생님이 증언하시던 이가 세례를 베풀매 사람이 다 그에게로 가더이다 **27** 요한이 대답하여 이르되 만일 하늘에서 주신 바 아니면 사람이 아무 것도 받을 수 없느니라 **28** 내가 말한 바 나는 그리스도가 아니요 그의 앞에 보내심을 받은 자라고 한 것을 증언할 자는 너희니라 **29** 신부를 취하는 자는 신랑이나 서서 신랑의 음성을 듣는 친구가 크게 기뻐하나니 나는 이러한 기쁨으로 충만하였노라 **30** 그는 흥하여야 하겠고 나는 쇠하여야 하리라 하니라 (요 3:22-30)

그는 흥하여야 하겠고

본문에는 세례 요한과 그의 제자들이 나눈 대화가 기록되어 있습니다. 여기서 주목할 구절은 30절입니다. '그는 흥하여야 하겠고 나는 쇠하여야 하리라.' 요한의 이 말에는 깊은 의미가 담겨 있습니다.

먼저 이 말이 어떻게 나오게 되었는지 살펴봅시다. 세례 요한에게 그의 제자들이 말합니다. "선생님이 증언하신 분이 세례를 베푸니 사람들이 다 그분에게로 갑니다." 이 말에는 '선생님이 그분보다 선배 아닙니까? 그분은 선생님 덕분에 얼굴을 내밀게 된 것 아닙니까?'라는 뜻이 담겨 있습니다. 그런데 세례 요한은 "나는 쇠하여야 하겠고 그는 흥하여야 한다. 많은 사람이 그리로 가는 것이 당연하다"라고 대답합니다.

원래 세례 요한은 예수 그리스도의 길을 예비하기 위해 세상에 태어난 사람입니다. 그러니 세례 요한의 답은 당연해 보입니다. 하지만 그의 답을 곰곰이 생각해 보면 의문이 생깁니다.

우리 생각에는 우리가 흥하는 것이 그리스도의 흥성에 더 유익이 될 것 같습니다. 또 그리스도께서 하시는 일 중 내가 한 부분을 잘 감당하면 그리스도께 도움이 될 것 같습니다.

예를 들어 우리가 성가대의 일원이라고 해 봅시다. "반주는 내가 책임지겠으니 너는 잘 부르기만 해라. 성가대 가운은 내가 책임지고 준비할 테니 너는 악보만 준비해라"라는 식으로 성가대를 흥하게 하는 방법을 찾을 것입니다. 마찬가지로 그리스도의 사역을 돕기 위해서도 '예수님, 이 하찮은 일은 저에게 맡기시고 예수님은 대업을 완성하십시오'라고 해야 옳을 것 같습니다.

그러나 요한은 자신을 그리스도 앞에서 그분의 길을 예비하는 자라고 소개하고서는 돌연 "나는 쇠하여야 하리라"라고 말하고 있습니다. 이것이 무슨 뜻일까요.

누군가를 돕는 것에 대해 생각해 봅시다. 누군가를 돕는다는 것은 자기가 손해를 좀 보더라도 그 사람이 실패하거나 망하지 않도록 하는 것입니다. 그러니 세례 요한이 예수를 도우려면 자기는 손해를 보더라도 그리스도께서는 손해를 보지 않도록 해야 할 것입니다. 세례 요한이 쇠하여져서 그리스도가 쇠하는 것을 막아야 하는 것입니다.

이를테면 세례 요한이 고생하여 그리스도가 덜 고생하실 수 있다면 세례 요한의 도움은 성공적일 것입니다. 그런데 그리스도는 죽으십니다. 세례 요한의 죽음을 밑거름 삼아서 죽으십니다. 그렇게 죽으실 바에야 세례 요한은 뭣하러 죽었을까요. 도대체 지금 무슨 일이 벌어지고 있는 것일까요.

그 답을 찾기 위해 먼저 '그는 흥하여야 하겠고'라는 말씀이 무엇인지부터 추적해 봅시다. 그리스도는 무엇을 위해 오셨으며 무엇을 성취하셔야만 하는 분입니까? 그리스도께서 이루시려고 하는 일은 죽음입니다. 저주받고 죽어야 성공하는 사역입니다. 그런 식으로 흥하셔야 하는 분입니다. 그의 사역은 죽음으로써만 성취됩니다. 그분이 죽지 않고서도 이루어지는 일이 있다면 그것이야말로 그리스도를 쇠하게 하는 것입니다.

이것은 신자에게서도 마찬가지입니다. 혹시 신자가 추구하는 의로움, 거룩함, 사랑, 희생, 봉사가 그리스도의 십자가를 필요 없게 만든다면 그것만큼 하나님에게 욕된 일이 없습니다.

십자가의 의미

신자에게 가장 많이 요구되는 삶의 모습은 사랑이나 희생 같은 것입니다. 우리는 이 썩어 가는 사회 속에 빛과 소금으로 던져졌습니다. 우리는 하나님의 대사로, 생명과 진리를 책임진 사람으로 사회에 들어갑니다. 세상에서 의롭고 거룩하게 살며 사랑하고 희생하고 봉사하면서 그 책임을 감당합니다.

여기서 오해하지 말아야 할 점이 있습니다. 우리의 사랑과 수고 때문에 사람들이 변화할 것이라고 생각하지 마십시오. 내가 한 일들 때문에 그들이 변화된다면 십자가가 서 있을 자리가 없어집니다. 어떤 인간도 십자가 외에 다른 방법으로는 변화되지 않습니다. 그러므로 십자가 없이 사람의 근본적 변화를 이루려고 한다면 그것은 기독교가 아닙니다. 우리가 아무리 좋은 일을 한다고 해도 한 생명을 구원하는 것은 오직 십자가뿐입니다. 그러니 어떤 훌륭한 일도 그리스도의 십자가를 무가치하게 만든다면 이는 그리스도를 위하는 것이라고 할 수 없습니다.

　이런 점에서 볼 때 기독교가 경계해야 할 것은 사랑, 희생, 의, 거룩 같은 것들일 수 있습니다. 왜냐하면 이런 것들이 그리스도의 십자가와 대치된다면 그보다 위험한 일은 없기 때문입니다. 이런 맥락에서 슈바이처(Albert Schweitzer, 1875-1965) 박사는 기독교에 공헌했다기보다는 기독교에 대한 오해를 불러일으켰다고 할 수 있습니다.

　그는 밀림의 성자요, 아프리카의 횃불로 불리는 사람입니다. 우리는 모두 슈바이처를 존경합니다. 그는 많은 사람들에게 모범이 되는 희생적 삶을 살았습니다. 그러나 그가 기독교인으로서 그렇게 산 것은 아니라고 할 수 있습니다. 슈바이처는 유명한 의사요, 오르가니스트요, 휴머니스트로 알려져 있지만 신학자이기도 했습니다.

　슈바이처는 신학자로서 예수 그리스도는 죽기 위하여 온 분이 아니다, 그는 원래 하늘나라의 비밀과 진리로 인간들을 계몽하고 계도하여 이 세상에 하나님 나라를 이룩하려고 왔다, 그러나 아무도 그를 추종하지 않자 나중에 가서야 죽음의 길에 들어가기로 결정하였다, 그리스도는 모든 사람을 분발시키고 촉발시키기 위하여 희생 제물이 된 분이다, 라고 말했습니다.

　참으로 위험한 생각입니다. 만일 예수 그리스도의 십자가 없이도 사람이 의로운 자가 될 수 있다고 한다면 그것은 기독교가 아닙니다. 인간에게서 인류애와 박애 정신을 이끌어 내는 것을 기독교라고 하지 않습니다.

기독교가 줄곧 주장하는 것은 인간은 빛을 볼 수 있는 눈을 갖지 않았다는 것입니다. 우리는 시체요, 생명과 진리와 하나님에 대하여 외인이요, 본질상 진노의 자녀입니다. 우리 안에서 자생한 것으로는 하나님 앞에 나아가지 못합니다. 우리는 그리스도로 인하여 진리를 알게 되었고 하나님의 자녀가 되었습니다. 우리 스스로는 빠져나올 수 없던 자리에서 하나님이 우리를 끌고 나오신 것을 인정하는 사람들입니다.

마태복음 16장 24절을 봅시다. '예수께서 제자들에게 이르시되 누구든지 나를 따라오려거든 자기를 부인하고 자기 십자가를 지고 나를 따를 것이니라.' 예수는 우리가 스스로를 부인하고 각자가 자기 십자가를 지고 따라오기를 요구하십니다. 십자가 앞에 '자기'라는 단어가 붙어 있습니다.

우리는 십자가를 흔히 가시와 멍에 같은 것으로 오해합니다. 그래서 말을 안 듣는 자식을 보고 "아이고, 저건 내 십자가야"라고 하기도 합니다. 그러나 그것은 결코 십자가가 아닙니다. "저 아이는 내 가시야, 내 멍에야, 내 짐이야!" 해야 맞는 표현입니다.

십자가는 죽음을 의미합니다. 자기 십자가란 자신의 죽음입니다. 그리스도를 따르는 자가 제일 먼저 알아야 할 것은, 인간 속에는 그리스도를 따르는 데 필요하거나 유용한 것이 하나도 없다는 것입니다. 그래서 사도 바울은 모든 것을 배설물로 여긴다고 했습니다. 우리가 무엇을 가지고 있어야 그리스도를 따를 수 있는 것이 아닙니다.

그런데 우리는 내가 가진 것이 그리스도에게 도움이 될 것이라고 착각합니다. 그래서 자녀들에게 "얘야, 이류, 삼류 대학에 다니면서 예수를 믿는 것과 일류 대학에 다니면서 예수를 믿는 것 중에 어느 쪽이 하나님 앞에 더 영광스러울 것이라고 생각하냐? 그러니까 잔말 말고 올해만큼은 집에 틀어박혀서 열심히 공부해라"라고 합니다. 이것은 잘못된 생각입니다. 하나님은 우리가 일류 대학에 입학하는 것으로 영광을 받으시지 않습니다. 오히려 우리가 일류 대학에 입학하는 것 때문에 손해를 보실 수 있습니다. 하나님에게 도움이 되는 무언가가 우리에게 있다고 착각하게 되기 때문입니다.

하나님은 우리의 돈이나 권세로 도움을 받으시는 분이 아닙니다. 우리가 가진 어떤 것으로도 도움을 받으시지 않습니다. 우리가 가진 좋은 것들로 기독교가 이익을 보고 있다는 생각은 잘못된 것입니다.

우리에게는 하나님이 맡기신 각기 다른 사명이 있을 뿐입니다. "너는 돈을 간수해라, 너는 지위를 맡아라, 너는 권세를 맡아라." 이렇게 각자에게 맡겨진 책임이 있을 뿐이지, 우리 손에 있는 것 중에서 하나님에게 도움이 될 것이라고 생각하여 내놓을 수 있는 것은 없습니다.

우리는 자기 십자가를 지고 그리스도를 좇을 수밖에 없는 존재입니다. 이럴 때 그리스도가 흥하는 것입니다. 그리스도는 늘 이렇게 설명되어야 합니다. '그는 죽으셔야만 했다.' 마태복음 16장 21절에서 예수님은 자신이 죽어야 할 것을 알리십니다.

> 이 때로부터 예수 그리스도께서 자기가 예루살렘에 올라가 장로들과 대제사장들과 서기관들에게 많은 고난을 받고 죽임을 당하

고 제삼일에 살아나야 할 것을 제자들에게 비로소 나타내시니
(마 16:21)

예수님은 "나는 죽으러 왔다"라고 말씀하십니다. 이 말씀을 대할 때 우리는 '죽는 일은 우리에게 맡기시고 예수님은 사셔야지'라고 생각합니다. 이어지는 22절, 베드로의 답이 그것입니다. "베드로가 예수를 붙들고 항변하여 이르되 주여 그리 마옵소서 이 일이 결코 주께 미치지 아니하리이다." 베드로는 "아니요, 주님! 죽지 마십시오. 죽는 일은 우리에게 맡기십시오"라고 말한 것입니다. 이것이 우리가 일반적으로 생각하는 대답입니다.

그러나 예수님의 반응은 어떻습니까. 23절과 24절에서 이렇게 말씀하십니다. "예수께서 돌이키시며 베드로에게 이르시되 사탄아 내 뒤로 물러 가라 너는 나를 넘어지게 하는 자로다 네가 하나님의 일을 생각하지 아니하고 도리어 사람의 일을 생각하는도다 하시고 이에 예수께서 제자들에게 이르시되 누구든지 나를 따라오려거든 자기를 부인하고 자기 십자가를 지고 나를 따를 것이니라." 예수님은 이렇게 단호히 말씀하신 것입니다. "나를 따라오려거든 너희 것을 가지고 오지 마라. 너희가 갖고 있는 것 중 나에게 쓸모 있는 것은 하나도 없다. 오직 자기를 부인하고 자기 십자가를 지고 나를 따를지니라."

진리를 따르지 않는 인간의 본성

우리가 도대체 어떤 존재이기에 그리스도는 우리를 위해 죽으셔야만 했을까요? 우리는 왜 그리스도가 죽지 못하게 도울 수 없는 것일까요? 기독교가 줄곧 주장하는 것은, 인간은 빛을 볼 수 있는 눈을 가지지 않았다는 것입니다. 인간은 본능적으로 진리에 대하여 귀를 기울이려 하지 않습니다.

이 점을 명백하게 드러내는 성경 본문이 있습니다. 사도행전 7장입니다. 사도행전 7장에는 스데반이 순교하기 직전에 한 설교가 기록되어 있습니다. 아브라함 때부터 시작하여 이스라엘이 전 역사 속에서 얼마나 불순종했는지를 이야기하는 굉장히 긴 설교입니다. 그 설교의 마지막 부분입니다.

> 목이 곧고 마음과 귀에 할례를 받지 못한 사람들아 너희도 너희 조상과 같이 항상 성령을 거스르는도다 너희 조상들이 선지자들 중의 누구를 박해하지 아니하였느냐 의인이 오시리라 예고한 자들을 그들이 죽였고 이제 너희는 그 의인을 잡아 준 자요 살인한 자가 되나니 너희는 천사가 전한 율법을 받고도 지키지 아니하였도다 하니라 (행 7:51-53)

스데반의 설교 내용은 하나님이 아브라함을 부르셔서 이스라엘을 일으키신 일로 시작됩니다. 때가 되어 하나님이 모세를 이스라엘 백성에게 보내신 것과 그 후에도 하나님이 그들에게 얼마나 자주 선지자들을 보내셨는지에 대해 말합니다. 그런데도 이스라엘이 그들의 말을 듣지 않았다는 것으로 설교는 끝이 납니다. 좀 이상한 설교입니다.

스데반의 이 설교를 들은 사람들은 예수 그리스도의 복음에 반대하는 율법주의자들이었습니다. 스데반은 예수 그리스도야말로 참다운 선지자이며 메시아라고 주장하지만, 스데반의 청중들은 아니라고 주장합니다. 그런데 스데반은 사람들을 설득하지 않습니다. 예수님이 메시아라는 것을 입증하지도 않습니다. 다만 그가 말하는 것은 중생하여 구원을 얻지 못한 인간이 신령한 것과 진리에 대하여 바로 알아듣겠느냐는 것입니다.

하나님이 모세를 보내셨지만 이스라엘 백성은 그를 영접하지 않았습니다. 그 후 다른 선지자들이 와도 마찬가지였습니다. 그러나 스데반은 "너희가 한 번이라도 하나님이 보내신 선지자들의 말과 권위를 인정한 적이 있었느냐. 더구나 너희는 하나님의 아들이신 예수 그리스도조차 인정하지 않았다"라고 책망하지 않습니다. 다만 "인간들아, 하나님과 신령한 것에 대하여 이해할 수 있는 구석이 너희에게 있는 줄 아느냐. 인간이 어떤 존재인지 아느냐" 하고 지적할 뿐입니다.

그런데 이 말을 들은 이스라엘 백성들은 회개하기는커녕 스데반을 돌로 쳐 죽였습니다. 스데반은 결국 그들을 설득하지 못했습니다. 인간이 진리에 대하여 알아듣지 못하는 존재임을 증명하는 것으로써 그의 생애는 끝났습니다. 성경은 두고두고 계속해서 이 사건을 전하고 있습니다. 이 사건은 인간이 진리와 생명에 얼마나 무관심한 존재인지 알려 주고 있습니다.

나는 쇠하여야 하겠고

신자인 우리는 그리스도가 흥하시기를 바라며 사는 사람들입니다. 우리의 것으로는 그리스도의 십자가를 대신할 수 없다는 것을 아는 존재들입니다. 우리가 세상에 전하고자 하는 것은 어떤 사람에게든 예수 그리스도의 십자가가 필요하다는 사실입니다. 우리는 그리스도가 죽어서 이 자리에 있게 되었습니다. 우리와 마찬가지로 모든 사람에게도 그리스도의 죽음이 필요합니다.

우리가 의롭고 거룩하게 산다고 해서 사람들이 변화할 것이라고 생각하면 안 됩니다. 우리가 의롭고 거룩하게 산다면 오히려 그들은 우리를 핍박할 것입니다. 우리는 '아버지여! 저들의 죄를 사하여 주옵소서'라고 하면서 스데반처럼 돌에 맞아 죽게 될 것입니다. 그런 우리를 보고 우리를 핍박하는 사람들은 이상하게 생각할 것입니다. '이자들은 왜 죽으면서도 미소를 짓나. 뭐가 좋아서 저렇게 웃을 수 있단 말인가.' 그러면서 깊이 고민하고 생각하게 될 것입니다. 그러다가 어느 날 갑자기 하나님의 크신 은총 가운데 십자가를 직면하는 날이 올 것입니다. 그날에 그들은 변할 것입니다. 십자가에 부딪치는 바로 그날, 성령님이 그들의 심령을 붙잡으시는 날 변할 것입니다.

내가 죽어서 그들이 변하는 것이 아닙니다. 우리의 도덕적 행위가 그들을 변화시킬 수 없습니다. 거룩하고 의롭게 사는 것은 신자의 책임일 뿐입니다. 거룩함과 의로움으로 구원을 얻는 것이 아닙니다. 신자의 거룩하고 의로운 삶은, 살아계신 하나님을 알고 의롭고 거룩하신 하나님을 아버지라고 부르는 구원 얻은 자들의 마땅한 본분일 따름입니다.

우리는 오늘도 안타까워하며 기도해야 합니다. "아버지여! 이 친구를 불쌍히 여겨 주옵소서. 제 힘으로 이 친구를 바꿀 수 없습니다. 그리스도가 나타나셔야 됩니다." '그는 흥하여야 하겠고 나는 쇠하여야 하리라' 하는 세례 요한의 고백이 바로 우리의 고백이 되어야 하는 것입니다.

그런데 우리는 혼자 알아서 하려고 합니다. '주님은 그냥 계십시오. 제가 다 알아서 할 테니까' 하며 혼자 나섭니다. 어느 인간이, 어느 심령이 자기 속에 있는 것으로 구원을 만들 수 있겠습니까. 만일 그럴 수 있다면 그리스도는 오시지 않았을 것입니다. 그의 죽음도 필요 없었을 것입니다. 그리스도가 죽으셔야 했던 것은 우리가 절망스러운 존재였기 때문입니다.

오늘도 우리는 그리스도를 전하면서 자꾸 사람들을 설득하려고 합니다. 이것은 잘못된 생각입니다. 우리에게 맡겨진 몫은 하나님이 그들에게 은혜 베푸시기를 바라는 것입니다. 여기에 기독교의 진리와 본질이 있습니다.

그리스도의 죽음이 드러나게 하십시오. 오직 그분만이 나타나게 하십시오. 그때 비로소 그리스도의 십자가 사건과 그가 죽으신 일이 모든 심령에게 알알이 들어와 박히는 복된 기적이 일어날 것입니다.

우리가 그리스도의 십자가를 앞세우고 살았는지 돌이켜 보십시오. 그리고 그리스도의 십자가로 위로도 받으십시오. 우리가 아무리 좌절하고 큰 절망 속에 빠져도 그리스도의 은혜와 그분의 십자가 때문에 복된 자리에 있게 되었다는 사실과 하나님의 영원한 약속은 취소될 수 없다는 사실에 큰 위로를 누릴 수 있을 것입니다.

우리는 우리가 가진 것으로 이 자리에 있게 된 것이 아니라, 하나님의 큰 사랑으로 이 자리에 있게 되었습니다. 이 감격이 우리의 전 생애를 주장하게 되기를 바랍니다.

14

하나님에게만 있는 것

31 위로부터 오시는 이는 만물 위에 계시고 땅에서 난 이는 땅에 속하여 땅에 속한 것을 말하느니라 하늘로부터 오시는 이는 만물 위에 계시나니 **32** 그가 친히 보고 들은 것을 증언하되 그의 증언을 받는 자가 없도다 **33** 그의 증언을 받는 자는 하나님이 참되시다는 것을 인쳤느니라 **34** 하나님이 보내신 이는 하나님의 말씀을 하나니 이는 하나님이 성령을 한량 없이 주심이니라 **35** 아버지께서 아들을 사랑하사 만물을 다 그의 손에 주셨으니 **36** 아들을 믿는 자에게는 영생이 있고 아들에게 순종하지 아니하는 자는 영생을 보지 못하고 도리어 하나님의 진노가 그 위에 머물러 있느니라 (요 3:31–36)

확신의 근거

본문은 27절부터 이어지는 내용입니다. 본문의 앞부분에는 다음과 같은 세례 요한의 말이 있습니다. "나는 그리스도가 아니고 그의 앞에 보내심을 받은 사람에 불과하다. 신부를 취하는 자는 신랑이지만 신랑의 음성을 듣는 친구가 더 좋아하는 법이다. 그는 흥하여야 하겠고 나는 쇠하여야 한다." 세례 요한은 이 이야기에 이어 그리스도는 자신과 전혀 비교될 수 없는 분이라고 이야기합니다. "그는 하늘에서 오신 분이고 나는 땅에서 난 자이다. 그는 하늘에 속한 자라서 하늘에 있는 것을 보고 말하지만 나는 피조물에 불과하다."

이 말은 단순히 세례 요한의 겸손을 보여 주는 것이 아닙니다. 여기에는 아주 중요한 의미가 담겨 있습니다. 기독교 진리는 인간이 만들어 낼 수 없으며 상상할 수도 없고 우연으로도 떠올릴 수 없는 내용이라는 것입니다. 창세기부터 요한계시록까지 이어지는 모든 말씀이 이것을 강조하고 있습니다.

요한복음이 처음부터 끝까지 다루고 있는 문제는 영생, 즉 영원한 생명에 관한 것입니다. 그런데 영생이 중요하다고 아무리 설명해 주어도 사람들은 알아듣지 못할 것이라고 합니다. 인간은 알아듣지 못할 뿐 아니라 심지어 영생에 대해 관심조차 없다고 합니다.

사실 우리 대부분은 기독교에 대해 충분히 이해했다 전제하고 요한복음을 읽습니다. 그래서 오해에 빠지기 쉬운데, 그런 오해 가운데 하나가 '나는 예수를 믿었노라'를 신앙의 출발점으로 생각하는 것입니다. 그러나 우리는 다시 질문해 보아야 합니다. '지금 당장 죽어도 천국에서 깨어날 것을 확신한다면, 그 확신의 근거가 무엇인가?'

확신의 근거로는 여러 가지를 생각할 수 있습니다. 보통 우리는 이런 근거를 내세웁니다. "나는 예수를 믿습니다. 성경 말씀에 예수를 믿으면 멸망치 않고 영생을 얻는다고 약속되어 있습니다. 하나님은 약속을 어기시지 않고 거짓을 말하시지 않습니다." 이것은 훌륭한 대답입니다. 또 "나는 회개했습니다. 내가 죄인이라는 것을 인정합니다. 나는 내가 십자가의 보혈로만 깨끗하게 됨을 인정합니다. 그리스도께서 나 때문에 돌아가신 것을 믿습니다"라고 말할 수 있습니다. 이것도 훌륭한 대답입니다.

그러나 요한복음 3장 31절은 이런 대답들에서 한 걸음 더 나아갑니다. '예수를 믿습니다'라는 말을 어떤 차원에서 정리하고 있는지 다시 한 번 분명히 확인해야 할 필요가 있습니다.

누구에게 근거가 있는가

우리는 구원에 대해 생각할 때 자칫 우리 자신에게 근거를 두기 쉽습니다. '예수님이 우리에게 오셔서 구원을 선포하셨고 제시하셨다. 그리고 우리가 구원을 선택했다. 그래서 우리는 구원을 얻게 되었다.' 이렇게 말하면 구원을 오해하게 됩니다. 우리의 선택에 구원의 근거가 있다고 생각하게 되기 때문입니다. 우리의 선택에 따라 구원이 주어진다는 것은 잘못된 생각입니다. 우리가 '나는 예수를 믿습니다'라고 구원에 대해 말하는 것은 구원을 달리 묘사할 방법이 없기 때문입니다.

요한복음 1장부터 3장에 이르도록 계속 확인하게 되는 것은, 인간은 구원을 선택할 능력이 없는 존재라는 점입니다. 이에 대한 이해를 돕기 위해 3장 31절과 32절 말씀을 살펴보겠습니다.

> 위로부터 오시는 이는 만물 위에 계시고 땅에서 난 이는 땅에 속하여 땅에 속한 것을 말하느니라 하늘로부터 오시는 이는 만물 위에 계시나니 그가 친히 보고 들은 것을 증언하되 그의 증언을 받는 자가 없도다 (요 3:31-32)

예수님의 증언을 받는 자는 하나도 없습니다. 예수 그리스도는 우리를 설득하기 위해 오신 것이 아닙니다. 우리에게 설명하기 위해 오신 것도 아닙니다. 우리를 대신해 죽으려고 오셨습니다.

만약 내가 스스로 예수 그리스도를 선택한 것이라고 믿으면 신앙생활에서의 가장 중요한 문제는 예수를 붙잡았다 놓았다 하는 씨

름일 것입니다. 상황에 따라 어떤 때는 확실히 붙잡은 것 같고 어떤 때는 아닌 것 같습니다. 이런 요동은 붙잡힌 상대방 때문이 아니라 붙잡고 있는 나 때문에 생겨납니다. 특히 하나님에 대해 이해가 잘 되지 않을 때면 내가 잘못 선택한 것인지 의문이 생겨납니다.

우리는 하나님을 믿지만 하나님에 대해 다 이해하지는 못합니다. 우리는 하나님의 주권과 하나님이 우리에게 허락하신 자유의지가 서로 어떻게 조화를 이루는지 잘 모릅니다. 또 우리는 하나님이 용서하시는 범위와 결단코 용서하시지 않는 범위의 경계를 모릅니다. 우리는 하나님의 인내와 자비가 어디까지 이르며 하나님의 공의로운 심판은 어디에서 시작되는지 잘 모릅니다.

시편 90편에 있는 모세의 기도가 이 점을 잘 표현하고 있습니다. "누가 주의 노여움의 능력을 알며 누가 주의 진노의 두려움을 알리이까"(시 90:11). 공의로우신 하나님이 죄에 대하여 얼마나 진노하시는지 우리는 잘 모릅니다. 우리에게 하나님은 심판과 공의의 하나님이기보다 사랑과 긍휼의 하나님으로 더 잘 이해되기 때문입니다. 우리는 그분이 무엇을 참으시고 무엇을 참지 못하시는지 그 경계선을 그을 수가 없습니다. 그러면 이런 하나님을 붙들어야 하는지 잘 모르겠다는 생각이 들 수 있습니다. 그러니 우리가 하나님을 선택했다고 생각하면 하나님이 이해되지 않을 때에는 우리의 선택을 의심하게 되고 구원의 근거도 흔들리게 됩니다.

그러나 요한복음은 우리가 구원을 선택했다는 식의 생각과는 다른 이야기를 하고 있습니다. 1장부터 3장에 이르기까지 이 점이 여러 번 강조되었습니다. 요한복음 1장 10절과 11절에는 '그가 세상에 계셨으며 세상은 그로 말미암아 지은 바 되었으되 세상이 그를 알지 못하였고 자기 땅에 오매 자기 백성이 영접하지 아니하였'다고 했습니다. 그러나 12절에서는 '영접하는 자 곧 그 이름을 믿는 자들에게는 하나님의 자녀가 되는 권세를 주셨'다고 합니다. 하지만 12절은 결론이 아닙니다. 계속해서 13절로 이어집니다. "이는 혈통으로나 육정으로나 사람의 뜻으로 나지 아니하고 오직 하나님께로부터 난 자들이니라." 요한복음이 줄곧 말하는 것은 구원은 우리의 선택이 아니라 하나님의 선택이라는 것입니다.

구원을 하나님의 주권적 선택이라고 설명하는 중요한 말씀이 있습니다. 3장 33절에 보면 "그의 증언을 받는 자는 하나님이 참되시다는 것을 인쳤느니라"라고 합니다. 이 말씀은 우리가 하나님의 증언을 선택했다고 말하는 것이 아닙니다. 그리스도의 증언을 받아들인다는 것은 하나님의 참되심을 인정한다는 것입니다. 신자와 불신자의 경계선은 예수를 믿느냐 안 믿느냐에 있는 것이 아니라 하나님이 옳으냐 세상이 옳으냐에 있다는 말씀입니다. 하나님이 옳다고 인정하는 것이 그 기준이 됩니다.

우리는 신앙생활이 경험과 결심에 달려 있다고 흔히 생각합니다. 물론 경험과 결심도 중요합니다. 그러나 하나님이 우리에게 펼쳐 보이시는 구원과 기독교 신앙에는 우리의 경험과 인식과 이해를 넘어서는 부분이 있다는 것을 알아야 합니다. 그러니 내가 이해하고 인식하는 것에 너무 매달리지 말아야 합니다. 그것이 전부가 아니기 때문입니다. 하나님이 이루시는 일은 우리의 경험을 넘어서며 우리가 늘 이해할 수 있는 것도 아닙니다.

그래서 성경은 우리가 신자라는 것을 예수를 믿느냐 안 믿느냐 정도로 판단하지 않습니다. 하나님이 옳다고 생각하느냐 그르다고 생각하느냐가 더 중요합니다. 그리스도의 증언을 받은 이들은 하나님을 참되시다고 인정하는 자들입니다. 세상이 옳습니까, 하나님이 옳습니까. 신자는 하나님이 옳다고 말하는 사람들입니다.

눈을 뜨게 하신 하나님

요한복음을 통해 구원을 설명하자면, 우리가 하나님을 선택한 것이 아닙니다. 하나님이 우리를 선택하사 우리의 감긴 눈을 뜨게 하신 것입니다. 눈을 뜨자 하나님을 보게 되었습니다. 그런데 우리는 눈을 뜬 후 하나님과 세상 중에 고민하다가 하나님을 선택하는 것이 구원이라고 오해합니다. 그렇지 않습니다. 눈을 뜬 자라면 모두 구원 얻은 자입니다. 구원을 얻지 못한 자는 눈을 뜨지 못합니다. 눈이 감긴 상태이므로 하나님을 아예 모릅니다. 그러나 눈을 떴다면 구원을 얻은 자입니다. 하나님이 그의 눈을 뜨게 하셨기 때문입니다.

구원을 얻은 자는 하나님도 보고 사탄도 보고 세상도 봅니다. 물론 눈을 뜨게 되어 하나님을 봤지만 세상으로 갈 수도 있습니다. 그것은 눈을 뜬 후 세상을 선택했기 때문이 아니라 하나님을 보고 구원을 얻었으면서도 삶의 기준을 세상에 두고 있기 때문입니다. 우리는 이것을 면목 없는 기독교인이라고 합니다. 부끄럽게 사는 신앙인의 모습인 것입니다.

신자여도 이해되지 않는 일이 많습니다. 하나님을 보았는데도 하나님이 이해되지 않습니다. 세상이 이렇게 악한데 하나님은 왜 놔두고 계신지 이해가 안 됩니다. 하나님이 제시한 것들을 내가 관찰

하고 조사하여 이해했기 때문에 하나님을 믿기로 선택했다고 여기면, 이렇게 하나님에 대해 이해가 안 되는 부분이 남아 있을 때에는 아직 하나님을 믿는다고 말해서는 안 된다고 생각합니다. 구원을 자기 선택이라고 생각하기 때문입니다. 스스로의 올무에 사로잡히는 것입니다. 많은 신자가 저지르는 실수입니다.

우리는 하나님을 이해한 자들이 아니라 하나님을 본 자들입니다. 하나님이 계신 것을 아는 자들입니다. 우리는 하나님이 창조주이시며 우리의 운명을 쥐고 계신다는 것을 압니다. 비록 다 이해할 수 없어서 답답한 마음이 생길지라도 하나님을 인정합니다.

우리는 하나님에게 이렇게 항변할 때가 많습니다. "하나님, 이럴 수가 있습니까. 십일조도 잘 내고 봉사도 열심히 했는데 왜 성적은 떨어지게 하셨습니까. 취업은 왜 이리도 안 되는 겁니까." 신앙을 갖고 있지만 인생에 답이 안 보이는 때가 있습니다.

제가 고3 때의 일이었습니다. 그때도 고등학교 시절은 공부를 지독하게 강요당하던 때였습니다. 모의고사를 한 달에 한 번씩 봤는데 전체 280명 중에서 저는 250등쯤 했습니다. 수학은 왜 그렇게 늘 어려운지 잘 보면 16점이었고, 망치면 8점도 받았습니다. 언젠가 한 번은 시험에 굉장히 어려운 문제가 나왔습니다. 문제를 보자마자 제가 풀 수 있는 문제가 아니라는 것을 단번에 알아보았습니다. 그래서 답안지에 이름만 쓰고 나왔습니다. 3초가 걸렸습니다. 그때 제 앞에는 이과 전체에서 1등을 하던 친구가 앉아 있었습니다. 그 친구는 두 시간 동안이나 땀을 뻘뻘 흘리다가 종이 울리자 겨우 나왔습니다. 그러면서 "야, 못 풀겠더라"라고 했습니다. 처음부터 못 풀겠다고 나온 사람과 두 시간동안 땀을 흘리면서도 못 푼 사람 중 누가 더 수학을 잘하는 사람일까요.

　신앙인도 마찬가지입니다. 신앙인이라고 해서 하나님에 대해 모든 것이 이해되고 명백하게 여겨지는 것이 아닙니다. 인생과 신앙에 대해 전부 알 수는 없습니다. 모르는 것이 당연합니다. 그런데도 이해되지 않는 문제를 붙잡고 오래도록 끙끙거리며 사는 것입니다.

　우리는 하나님의 큰 은혜로 눈을 뜬 사람들입니다. 그렇게 하나님을 보고 알지만 하나님을 전부 이해하지는 못합니다. 하나님을 보고 붙잡기는 했지만 하나님을 다 알아서 그렇게 된 것은 아닙니다. 그분이 먼저 우리를 붙잡아 그분 앞에 앉히고 눈을 뜨게 해 주셨습니다. 그래서 우리는 하나님을 압니다. 하나님을 안다는 것은 하나님이 계시다는 것과 하나님이 옳으시며 참되시다는 것을 인정하는 것입니다.

성경이 말하는 하나님

성경 말씀 중에서 신자가 가장 좋아해야 하는 성경 구절은 창세기 1장 1절입니다. "태초에 하나님이 천지를 창조하시니라." 과학자들이 가장 심하게 하나님을 모욕하고 희롱해 온 바로 그 구절입니다. 그들은 하나님이 천지를 만들었다고 하지 않습니다. 세상은 저절로 생겼다고 합니다. 달은 지구에서 원심력에 의해 떨어져 나갔고 그 떨어져 나간 자리가 태평양이 되었다고 합니다. 그런데 그것이 잘못됐다는 과학적 증거들이 속속 등장했습니다. 달에서 나온 토질이 지구의 토질과 다르다는 실험 결과가 나온 것입니다. 그러나 그렇다고 기독교가 증명된 것일까요. 세상은 어떤 일이 있어도 하나님 편을 들지 않습니다.

하나님은 이렇게 온갖 우수마발牛溲馬勃 같은 존재들이 덤벼들어도 대꾸 한 번 하시지 않습니다. '내가 태초에 천지를 창조했다'라고 하시고 묵묵히 당신의 일만 하십니다. 성경은 하나님이 일하시는 방법을 알려 주거나 내용을 설명하지 않고 하나님의 속성만을 설명합니다. 하나님은 사랑이시다, 영원하시다, 공의로우시다, 오래 참으신다는 말씀만 있고 하나님이 왜 그렇게 일하시는지는 설명하지 않습니다. 죄가 왜 생겼는지, 하나님은 선악과를 왜 만드셨는지, 인간이 따먹을 것을 알면서 왜 놔두셨는지, 사탄은 어디서 왔는지에 대해서는 설명하지 않습니다. 다만 하나님은 자비로우시며 우리를 긍휼히 여기시며 노하기를 더디하시며 우리를 구원하고 싶어 하시는 분이라고 하면서 그분의 성품에 관해서만 설명하고 있습니다.

그러니 기독교를 조직적이고 논리적인 것으로 이해하려는 습성에서 탈피해야 합니다. 설명되지 않는다고 믿지 못하는 것은 아닙니다. 어떤 사람은 이것을 맹종이라고 공격하기도 합니다. 그러나 이것은 맹종이 아닙니다. 맹종이란 내용도 대상도 없이 스스로에게 최면을 거는 것입니다. 우리는 내용이 다 이해되거나 설명되지 않아도 그 내용을 이루시는 분의 인격과 성품을 압니다.

성경은 우리에게 하나님이 어떻게 일하시는지에 대해 이해시키려고 하지 않습니다. 성경은 하나님이 참되시다고 말하고 있습니다. 옳으시다, 진실하시다, 우리의 항복을 받으실 만한 분이다, 편협하지 않으시다, 사리사욕을 취하지 않으신다, 윽박지르지 않으신다, 인격적 차원에서 우리를 항복시키시는 분이다, 라고 합니다. 우리는 그런 하나님에게 기쁘게 항복하는 것입니다.

우리는 하나님이 계획하시고 행하시는 모든 일에 대해서 다 이해할 수 없지만 하나님이라면 늘 기꺼이 항복하겠다고 결심한 자들입니다. '하나님이 하신다면 나는 항복하겠다.' 이 자세가 신앙의 중요한 기초입니다. 그분이 하신 일과 일하시는 방법과 능력을 아는 것은 부수적인 것일 뿐입니다.

하나님이 이루시는 일

우리의 신앙이 성장하지 못하는 큰 이유는 신앙의 기초가 나에게 있다고 생각해 신앙의 성장 또한 내가 이루는 것으로 생각하기 때문입니다. 기초가 나에게 있고 그다음의 진전도 내가 쌓는 것으로 이루어진다고 생각합니다. 그러나 그것들은 부수적인 것들일 뿐입니다. 우리의 신앙은 오직 하나님이 이루십니다.

기독교는 은혜의 종교입니다. 기적의 종교입니다. 우리가 누리는 모든 것은 선물로 받은 것들이어서 하나님의 사랑과 돌보심에 대한 감격과 감사와 찬양과 경배가 따라 나올 수밖에 없습니다. 이것이 기독교의 핵심입니다. 그런데도 우리는 우리의 업적과 우리의 확인으로 기독교를 설명하려고 합니다. 우리는 하나님의 부르심을 받아 그분을 보고 알게 된 자들인데도 말입니다.

신앙생활에서 우리는 늘 두 가지 시험을 받습니다. 첫째는 내가 하나님을 선택했다고 생각하기 때문에 하나님에 대해 이해되지 않는 부분이 생기면 믿는 것 자체를 보류하는 것입니다. 둘째는 내가 하나님을 선택했다고 생각하기 때문에 하나님과 대등한 위치에 올라서려는 것입니다. 내가 선택한 대상이니 선택된 하나님과 대등하다고 생각하는 것입니다. 우리는 자존심을 세워 하나님 앞에서도 면목 있고 싶어 합니다.

하나님의 사람답게 사는 것은 신자의 책임입니다. 그러나 그것을 신앙의 기초로 삼으면 쳇바퀴에서 계속 맴돌게 될 뿐입니다. 쳇바퀴를 돈다고 해서 구원을 얻지 못했다고 속단할 수는 없지만 그 삶은 참으로 무의미하고 지루하고 피곤한 고통의 나날일 것입니다.

본문 31절의 '위로부터 오시는 이'라는 구절을 기억해야 합니다. 세례 요한이 예수 그리스도를 설명하기 위해 쓴 말입니다. 세례 요한은 예수 그리스도를 단 한 가지로 증거합니다. "그는 하늘에 속한 분이다. 나는 땅에 속한 자니 땅에 속한 것밖에 말할 것이 없지만, 오직 그분만은 하늘에 속한 것을 이야기할 수 있다. 그러므로 아무도 그의 증언을 받을 수 있는 이가 없다." 하늘로부터 오신 이여서 '위로부터 오신 이'라고 설명할 수밖에 없는 세례 요한의 심정을 잊지 마십시오. 우리의 신앙을 내가 확인하고 이해해 내 손에 쥘 수 있는 것이라고 생각하여 쳇바퀴를 돌며 쓸데없는 자만심에 젖어 있지는 않은지 경계하게 하는 말씀입니다.

우리는 하나님을 믿는 자로서 이 자리까지 와 있습니다. 우리가 무엇을 알 수 있을 것이라고 생각하십니까. 하나님이 이루어 주신 일들과 앞으로 이루어 주실 일들에 대해 우리가 무엇을 알 수 있습니까. "하나님은 영원하시고 전능하시고 우리에게 모든 좋은 것을 주실 것이다. 지금까지도 주셨다. 예수 그리스도를 보내셔서 우리를 구원하셨다." 이렇게 말해도 부족한 표현일 뿐입니다. 하나님이 우리를 얼마나 사랑하시는지, 그를 믿는 것이 얼마나 잘한 것인지를 우리가 이해할 수 있는 단어로 설명한 지극히 작은 표현에 불과합니다.

우리를 위해 예수님을 십자가에 못 박으신 하나님의 사랑보다 더 큰 사랑은 없습니다. 하나님은 지금도 우리를 보호하시며 간섭하십니다. 그 사실에 놀라야 합니다. 제발 기독교를 공식 몇 가지로 축소하지 말기를 바랍니다. 30일 동안 금식 기도하면 흰머리를 몽땅 검은 머리로 만들어 주시는지 아닌지 보자, 하는 수준에 매여 있으면 안 됩니다. 그런 기도도 들어주실 수는 있지만 그것과 비교할 수 없는 엄청난 일들이 있다는 것을 알아야 합니다.

하나님은 온 우주를 만드신 분입니다. 그는 우리의 주인이시며 우리의 눈을 뜨게 하신 분입니다. 우리 눈에 보이는 몇 가지를 전부인 것처럼 여기지 마십시오. 우리 눈으로 본 것이 이 정도인데 하나님이 가지고 계신 창고 속은 얼마나 더 대단하겠습니까. 그런 분이 하나님이십니다.

우리는 그분이 얼마나 대단하신지 잘 모릅니다. 그래서 참으로 옳으시며 참되시다고 이야기하는 것만으로는 그분을 설명하기에 모자랍니다. 내 모든 입을 열어 그분을 찬송하고 경배하고 항복해도 부족합니다. 그분이 쌀로 메주를 쑨다고 하면 흰 메주가 될 것이라고 믿는다는 것이 우리의 고백이어야 합니다. 그것이 우리의 특권이며 복이라는 사실을 잊지 마십시오.